ベーシック
会計学教室

近田典行・杉山晶子・大野智弘 著

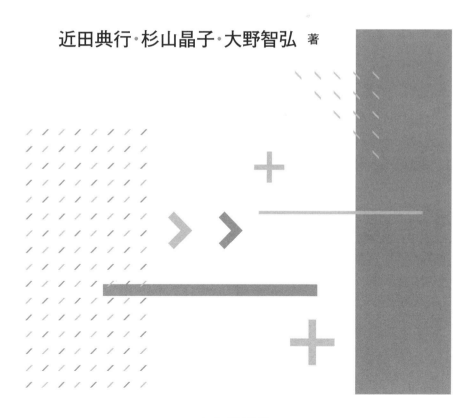

中央経済社

はしがき

　ようこそ『ベーシック会計学教室』へ！

　本書は，読者が会計の世界に一歩踏み出すための入門書として構成されています。したがって，平易な解説により，学生，ビジネスパーソン，会計学を初めて学ぶすべての読者にとって，取り組みやすい内容となっています。会計学の基本的な概念，原則，基準等に加えて，財務諸表の体系，ひな型および作成の概要を学ぶことにより，財務諸表の全体像を理解することができます。

　会計は，企業の経済活動を用語と数値で表し，経済活動の結果としての利益を計算します。会計は，しばしば「ビジネス言語」といわれます。この言語を通じて，企業の財務状態，経営成績，キャッシュフローの状況が利害関係者に伝達されます。財務会計の目的は，主として投資家に対して，投資の際の意思決定に有用な情報を開示することにあります。また，企業に投資をしている「株主」と企業に資金を貸し付けている「債権者」といった，利害関係者間の利害調整を行う役割も果たしています。

　第1章では，財務会計の役割と日本の会計制度について解説します。会社の法形態や株式会社の仕組み，会計規制の意義，計算書類の開示など，会計情報の基盤となる制度について説明していきます。

　第2章では，会計基準の役割とその変遷に焦点を当てます。会計基準がなぜ必要なのか，その設定アプローチの変化，そして歴史的変遷を通じて会計基準がどのように進化してきたのかを探ります。

　第3章では財務諸表の体系や表示に関する原則，第4章では利益計算の仕組みと考え方について学びます。第5章から第14章までは，それぞれ，売上高の計上基準，棚卸資産，有形・無形固定資産，有価証券，引当金，社債，純資産の構成と剰余金の配当，連結財務諸表など，財務会計の各トピックについて具体的に取り上げていきます。

第3章からは，読者が演習に取り組めるように，設例および解答・解説を設けています。また，各章のコラムにおいて，関連事項の補足説明や発展的学習について言及しています。設例とコラムには，それぞれ見出しがついており，見直したい箇所が探しやすくなっています。全14章を通して学習することにより，財務諸表の全体像が理解できるとともに，経営者による会計上の見積りを多く含んでいるという会計情報の特質にも気づくことでしょう。

また，企業には経済活動による利益の追求のみならず，世界的に喫緊の課題とされる気候関連への対応も求められています。国際的な動向としては，IFRS財団の国際サステナビリティ基準委員会（ISSB）が，2023年6月にIFRSサステナビリティ開示基準（IFRS S1号「サステナビリティ関連財務情報の開示に関する全般的要求事項」およびIFRS S2号「気候関連開示」）を公表しました。日本においても，2023年1月の「企業内容等の開示に関する内閣府令」の改正により，2023年3月期決算から有価証券報告書等において「サステナビリティに関する考え方及び取組」の記載欄が新設され，サステナビリティ情報の開示が義務化されました。

サステナビリティ（持続可能性）情報開示への取り組みは，コーポレート・ガバナンスの観点からも企業の存続と成長にとって必要不可欠な戦略的要素であり，さらには企業の経済的な利益の追求に資するものと解されます。

このように，金融市場で資金調達を行う大企業は社会的な影響力も大きく，これらの企業には開示する財務諸表に対してのみならず，さまざまな法規制が設けられています。本書の活用により，まず，財務諸表を中心とする会計情報の特質について理解することは，企業を存続と成長の視点から観察し，分析するための出発点となるでしょう。

本書の出版にあたり，中央経済社・取締役編集長の田邉一正氏には格別のご高配を賜り，心より感謝申し上げます。

2024年9月

共著者を代表して

杉山　晶子

目　　次

$\boxed{\text{第 1 章}}$ **財務会計の役割と会計制度** ————————————— 1

　1　会社の種類と仕組み　1

　　(1)　法形態に基づく会社の種類　1

　　(2)　株式会社の仕組み　3

　2　日本の会計制度　4

　　(1)　会計規制の意義　4

　　(2)　会社法に基づく計算書類等の開示　4

　　(3)　金融商品取引法に基づく財務諸表等の開示　5

　　(4)　法人税法に基づく決算書の提出　6

　　(5)　公正なる会計慣行としての会計基準　6

　3　企業会計の意義　7

　　(1)　会計学の専門領域　7

　　(2)　財務会計の役割機能　8

$\boxed{\text{第 2 章}}$ **会計基準の役割と変遷** ————————————— 11

　1　会計基準の役割と設定のアプローチ　11

　　(1)　会計基準の必要性　11

　　(2)　帰納的アプローチから演繹的アプローチへ　12

　　(3)　会計基準を巡る歴史的変遷　13

　2　企業会計原則　14

　　(1)　真実性の原則　14

　　(2)　正規の簿記の原則　15

　　(3)　資本と利益の区分の原則　15

　　(4)　明瞭性の原則　16

　　(5)　継続性の原則　17

　　(6)　保守主義の原則　17

　　(7)　単一性の原則　18

　3　概念フレームワーク　18

ii

4 会計基準のコンバージェンス　20

第3章　財務諸表の体系と表示にかかわる原則 —————— 25

1 財務諸表の体系　25
 (1) 会社法の計算書類と金融商品取引法の財務諸表　25
 (2) 各計算書の概要　27

2 財務諸表の様式　30
 (1) 勘定式の貸借対照表と損益計算書　30
 (2) 報告式の貸借対照表と損益計算書　31

3 貸借対照表に関する表示の原則　33
 (1) 流動性配列法と固定性配列法　33
 (2) 流動項目と固定項目の分類基準　33
 (3) 総額主義　35

4 損益計算書に関する表示の原則　35
 (1) 収益・費用の区分表示と段階的な利益の計算　35
 (2) 総額主義　36

5 株主資本等変動計算書とキャッシュ・フロー計算書　37
 (1) 株主資本等変動計算書の様式　37
 (2) キャッシュ・フロー計算書の様式　38

6 計算書類と財務諸表のひな型　39
 (1) 計算書類のひな型　39
 (2) 財務諸表のひな型　39
 (3) 個別財務諸表と連結財務諸表　40

第4章　利益計算の仕組みと考え方 —————————— 45

1 貸借対照表と損益計算書の関係　45

2 財産法と損益法　47

3 利益計算と収益・費用の認識と測定　49
 (1) 実現主義の原則　49
 (2) 発生主義の原則　50
 (3) 収益と費用の対応　50

目　次　iii

　　4　利益計算と資産の評価　50

　　　⑴　取得原価　50

　　　⑵　取替原価　51

　　　⑶　正味売却価額　51

　　　⑷　割引現在価値　52

　　　⑸　時　価　52

　　5　資産負債アプローチと収益費用アプローチ　53

第5章　売上高の計上基準 ——————————— 57

　　1　「収益認識会計基準」の公表　57

　　2　「収益認識会計基準」の概要　58

　　3　契約と履行義務の識別　58

　　　⑴　顧客との契約の識別（ステップ1）　58

　　　⑵　履行義務の識別（ステップ2）　59

　　4　取引価格の算定と配分　59

　　　⑴　取引価格の算定（ステップ3）　59

　　　⑵　取引価格の履行義務への配分（ステップ4）　60

　　5　履行義務の充足による収益の計上　61

　　　⑴　一定期間にわたる収益の計上　61

　　　⑵　一時点における収益の計上　62

　　6　契約資産と契約負債　63

第6章　棚卸資産 ——————————————— 65

　　1　棚卸資産の評価に関する会計基準　65

　　2　棚卸資産の範囲と取得原価　65

　　　⑴　範　囲　65

　　　⑵　取得原価　66

　　3　棚卸資産の原価配分　66

　　4　売上原価の計算　67

　　　⑴　払出数量の計算方法　67

　　　⑵　払出単価の計算方法　67

5　棚卸資産の期末評価　69

　　　⑴　実地棚卸と棚卸減耗費　69

　　　⑵　収益性の低下と棚卸評価損　70

　　6　簿価切下げ後の会計処理　71

第7章　有形固定資産 ——————————————————— 73

　　1　有形固定資産の範囲と分類　73

　　2　減価償却　74

　　　⑴　減価償却の目的　74

　　　⑵　減価償却の方法　75

　　　⑶　資本的支出と減価償却　77

　　3　固定資産の減損　78

　　　⑴　減損会計の意義と概要　78

　　　⑵　資産のグルーピング　79

　　　⑶　減損の兆候　79

　　　⑷　減損損失の認識　79

　　　⑸　減損損失の測定　80

　　　⑹　減損損失の表示　81

第8章　無形固定資産 ——————————————————— 83

　　1　無形固定資産の範囲と種類　83

　　2　無形固定資産の取得原価　84

　　　⑴　法律上の権利　84

　　　⑵　ソフトウェア　85

　　　⑶　のれん　86

　　3　無形固定資産の償却と表示　87

　　　⑴　償却方法と償却期間　87

　　　⑵　貸借対照表上の表示　89

| 第9章 | 有価証券 —————————————————— 91 |

1　会計上の有価証券　91

　⑴　有価証券の範囲と分類　91

　⑵　有価証券の表示区分　91

　⑶　有価証券の取得原価　92

2　有価証券の期末の評価　93

　⑴　売買目的有価証券　93

　⑵　満期保有目的の債券　94

　⑶　子会社株式・関連会社株式　97

　⑷　その他有価証券　98

　⑸　有価証券の減損処理　100

| 第10章 | 引当金 —————————————————— 103 |

1　引当金の性質と分類　103

　⑴　引当金の性質と認識要件　103

　⑵　引当金の分類と表示　104

2　評価性引当金　105

　⑴　金銭債権の評価　105

　⑵　貸倒れの見積り　106

3　負債性引当金　109

　⑴　負債性引当金の性質と分類　109

　⑵　負債性引当金の会計処理　110

| 第11章 | 社　債 —————————————————— 113 |

1　企業の資金調達と社債　113

2　社債の発行　114

　⑴　募集社債の決定事項　114

　⑵　発行価額と発行形態　114

3　約定利率に基づく社債利息（クーポン利息）　116

4　社債の貸借対照表価額　116

5　社債の償還　118

6 社債発行費 120

第12章 純資産の構成と剰余金の配当 ——————— 121

1 純資産の構成 121

(1) 株主資本に含まれる項目 121

(2) 株主資本以外の項目 123

2 資本金と剰余金 124

(1) 会社の設立時 124

(2) 増資および減資 126

(3) 自己株式 128

3 剰余金の配当 130

(1) 配当の財源 130

(2) 配当に伴う手続 131

(3) 配当に係る準備金の積立て 132

第13章 連結財務諸表①
—連結の範囲と財務諸表作成手続の概要— ——————— 137

1 連結財務諸表の必要性と制度化 137

(1) 企業集団としての事業活動の進展 137

(2) 連結財務諸表の制度化 138

(3) 連結財務諸表の会計主体 139

2 連結の範囲 140

(1) 連結の範囲に含められる子会社 140

(2) 支配力基準に基づく子会社の判定 140

3 連結貸借対照表と連結損益計算書の作成手続 142

(1) 連結財務諸表作成手続の概要 142

(2) 連結決算日および会計方針 142

(3) 連結貸借対照表の作成 143

(4) 連結損益計算書の作成 149

(5) 包括利益の表示 153

| 第14章 | 連結財務諸表②―持分法と連結財務諸表の全体像― ――― 155 |

1 持分法 155

(1) 持分法適用会社 155

(2) 持分法の会計処理 157

2 連結株主資本等変動計算書 160

3 連結キャッシュ・フロー計算書 161

(1) 連結キャッシュ・フロー計算書の区分と表示方法 161

(2) 直接法と間接法 162

(3) 利息および配当金に係るキャッシュ・フローの記載方法 163

(4) 連結キャッシュ・フロー計算書の注記 163

4 連結財務諸表の注記 164

(1) 関連当事者との取引 164

(2) セグメント情報 165

索 引 167

■略語一覧

略語	言語	日本語表記
ASBJ	Accounting Standards Board of Japan	企業会計基準委員会
EDINET	Electronic Disclosure for Investors'NETwork	金融商品取引法に基づく有価証券報告書等の開示書類に関する電子開示システム
FASB	Financial Accounting Standards Board	米国財務会計基準審議会
IASB	International Accounting Standards Board	国際会計基準審議会
IAS	International Accounting Standards	国際会計基準
IASC	International Accounting Standards Committee	国際会計基準委員会
IFRS	International Financial Reporting Standards	国際財務報告基準

第1章

財務会計の役割と会計制度

 会社の種類と仕組み

(1) 法形態に基づく会社の種類

　会社とは，営利（利益）を目的として事業を行う法人を指す。ここでは，会社法に基づく会社の種類について説明する。会社法とは，会社の設立，組織，運営，管理，清算に関する決まりや手続きを定めた法律で，第1編の総則から第8編の罰則まで979条の条文で成り立っている（2024年5月19日現在）。

　図表1－1は，会社法に基づく会社の分類を示している。会社には，会社法（第2編／第3編）の規定に基づき，**図表1－2**にある株式会社，合同会社，合資会社および合名会社の4種類の設立可能な会社がある。それは，その特質から**株式会社**と**持分会社**（合同会社・合資会社・合名会社）に大別される。

図表1－1　会社法に基づく会社の分類

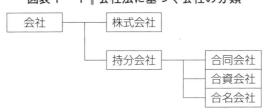

図表1－2 ┃ 設立可能な会社の種類と特徴

	株式会社	合同会社	合資会社	合名会社
出資者の責任限度	有限責任	有限責任	有限責任／無限責任	無限責任
会社の形態	株式会社	持分会社		
出資者の呼称	株主	社員		
決議機関	株主総会	社員の決議		
上場の可否	可	不可		
決算公告義務	有	無		

　まず，前者の**株式会社**は，通例，出資者（株主）と実際に経営にかかわる人が異なる。これを**所有と経営の分離**という。経営にかかわる人には，株主総会の決議に基づき経営者としての諸権限が与えられることになる。会社を代表する経営者のことを代表取締役という。その背景には，株式会社では多数の出資者（株主）がいるため，また，彼らは，株価の上昇や配当などの経済的利益に関心が集中しており，会社の経営はむしろ経営の専門家に委ねたほうが合理的であるという実態がある。

　所有と経営の分離の概念は，1932年，アメリカの経済学者バーリとミーンズが，著書『近代株式会社と私有財産』で指摘した概念である。そこでは，当時のアメリカにおける巨大株式会社の株式は，非常に多くの人々に分散所有されている一方，その経営は株式をほとんど所有していない専門経営者によって行われている実態を明らかにしている。なお，経営を株主から委託された経営者が株主に対して負う責任を**受託責任**と呼び，その責任をどのように果たしたかを説明する方法として，企業活動の報告書である後述の財務諸表の公開等が定期的に行われる。

　一方，持分会社の場合は，株式会社とは異なり，通例，出資者（社員）と経営者が分離されておらず，出資者自らが経営も行う。よって，所有と経営が結合していると表現することができる。ただし，**合資会社**の場合は，経営も行う無限責任社員と出資するだけの有限責任社員からなる点に特徴があるものの，株式会社のように所有と経営の分離が常態ではないことから決算公告義務は求められていない。

　本書では，「所有と経営の分離」を背景とした会計情報が果たすオープンな

情報開示が重要な役割を担う株式会社を主な対象とする。株式会社の会計情報を扱う会計領域を外部報告会計（財務会計）とよび，本書では主に当該領域の会計について学ぶ。

(2)　株式会社の仕組み

　株式会社では，会社の所有者と位置づけられる株主は会社経営に直接参加することはなく，**株主総会**という株主の最高意思決定機関において，会社の経営を任せる取締役を選任する。そして，会社の業務に関する意思決定機関である**取締役会**において会社経営の代表者として選ばれた代表取締役が中心となって会社を指揮，監督して運営するという仕組みになっている。

　出資者（株主／社員）の責任と権利については，出資者の責任には上述のように，有限責任と無限責任がある。それは，会社が倒産したときなどに出資者が負うべき責任の範囲の広さによる違いを意味する。

　具体的には，無限責任を負う場合は，会社が倒産したときなどに会社の債権者に対して負債全額を支払う直接的責任を負うことになるため自身の出資額を超えることがある。一方，**有限責任**の場合は，会社の債権者に対して自身の出資額を限度として責任を負うことになるため，責任はその範囲にとどまることになる。

　次に，株式会社の株主としての権利には，自益権と共益権がある。**自益権**は，株主が株主個人の利益になることを主張できる権利をいい，**共益権**は，株主全体の利益になることを主張する権利をいう。

　具体的には，自益権には，剰余金配当請求権，残余財産分配請求権，株式買取請求権があり，共益権には，株主総会の議決権を行使する権利，定款閲覧謄写請求権，株主総会の議題の提案権，取締役等の解任請求権，帳簿や計算書類等の閲覧請求権などがある。

　会計帳簿等の閲覧・謄写請求権（会社法433条1項）並びに計算書類等の閲覧請求権（会社法442条3項）は，会計に直接かかわる株主の権利といえる。計算書類等は，貸借対照表，損益計算書，株主資本等変動計算書，個別注記表の計算書類と，「等」に含まれる事業報告，計算書類並びに事業報告の附属明細書からなる。

ちなみに，持分会社の社員は，直接経営に携わることもでき，原則，議決権を平等に行使し，利益配当を請求できるなどの権利を有する。

2 日本の会計制度

(1) 会計規制の意義

自由市場経済においては，投資家の資金をより効率的に使うことのできる企業に投資されることがその発展，成長のための重要な要素となる。そのためには透明性の高い会社情報（財務諸表等）の開示が不可欠である。

しかし，一方で，昨今の企業による会計不正事件のニュースからわかるように，財務諸表の作成責任者である経営者による企業業績を実際よりも良好だと見せるための，いわゆる粉飾決算の誘因は不断に存在している。

そのような財務諸表の社会的意義，社会に与える影響の大きさを考えると，会計情報は，関係諸法令や**公正なる会計慣行**として位置づけられる企業会計基準等の社会的ルールにより規制され，一定の信頼性の確保や情報の質的レベルを維持する必要がある。そのための仕組みを企業会計制度といい，(2)の会社法に規定される会社に対する規制の他，金融商品取引法による規制等がある。加えて，法人税法においては企業に対する諸課税の実施において財務諸表上のデータが利用されることからも会計制度の整備は不可欠といえる。

(2) 会社法に基づく計算書類等の開示

会社法（435条2項）において，株式会社は，各事業年度にかかる計算書類を作成しなければならないとされている。そして，定時株主総会で株主の承認を受けなければならない（会社法435条1項・2項，438条2項）。

さらに，この定時株主総会後遅滞なく，承認された計算書類を公告しなければならないとしている（会社法440条1項・2項）。

決算公告とは，官報その他の方法により，広く会社の情報（計算書類等）を公開することをいい，法令（会社法440条1項）によって義務づけられている開示規制の1つである。**（図表1-3）**

第1章　財務会計の役割と会計制度　　5

図表 1 － 3 ┃ 株式会社の決算公告の概要

大会社	資本金 5 億円以上または負債総額200億円以上の株式会社	貸借対照表と損益計算書
大会社以外の会社	資本金 5 億円未満または負債総額200億円未満の株式会社	貸借対照表

　決算公告の目的としては，定時株主総会後遅滞なく決算公告を行い，株主や債権者等の企業外部の利害関係者に対し会社の計算書類を公開することにより投資先企業の財務状況や経営状況の周知を図り，分配可能額の算定規定に基づく債権者保護と株主との利害調整，取引市場の信頼性や安全性を担保することにある。

　なお，金融商品取引法24条 1 項に定める有価証券報告書の提出義務のある会社（会社法440条 4 項），インターネット上のホームページにて計算書類の開示（電磁的公示）を行っている会社（会社法440条 3 項），会社法上の特例有限会社（会社法の施行に伴う関係法律の整備等に関する法律28条）については，実質的に公告義務が果たされていること等を理由に公告は不要とされる。

(3)　金融商品取引法に基づく財務諸表等の開示

　法定開示の主なものには，上述の会社法に基づく決算公告義務と以下の金融商品取引法に基づく開示義務がある。

　金融商品取引法では，有価証券（株式や社債）を発行する会社に有価証券報告書等の開示書類の提出を義務づけている。したがって，投資家を対象に有価証券の募集等を行うときは，有価証券を発行する会社は，金融商品取引法に基づき事業内容や経理の状況などを開示しなくてはならない。また，上場会社には，継続的かつ定期的な有価証券報告書等による開示義務が課せられている。ちなみに，上場会社とは，金融商品取引法（193条の 2 第 1 項）に規定される東京証券取引所などの金融商品取引所に上場している有価証券を発行する会社のことをいう。

　有価証券報告書とは，上場株式会社などが開示する企業情報であり，具体的には，企業の概況，事業の状況，経理の状況などで構成される。経理の状況に

は，連結財務諸表および個別財務諸表が開示されている。財務諸表には，貸借対照表，損益計算書，株主資本等変動計算書，キャッシュ・フロー計算書，附属明細表が含まれる。

金融商品取引法における有価証券報告書の開示目的は，投資家に対して，投資判断に有用な情報を提供すること，すなわち，投資家の保護にある。たとえば，大規模な株式会社に見られるような所有と経営の分離の状態にある企業においては，企業の経営に直接かかわらない投資家たちは，企業の財政状態や経営成績などの情報を容易に入手することはできないことから，企業が経営状況を開示することによって適切な投資判断を行えるようにしている。そして，当該情報の信頼性は独立した立場にある会計監査人による財務諸表の会計監査により担保されている。

ちなみに，有価証券報告書は，**EDINET**（金融商品取引法に基づく有価証券報告書等の開示書類に関する電子開示システム）などを通じて一般にも開示されるので株主以外でも閲覧できる。

(4) 法人税法に基づく決算書の提出

法人税とは，法人（会社）の所得に対して課税される国に納めるべき税金をいう。法人の**課税の公平**を図るために定められた法律が法人税法である。

法人税法（74条）では，法人は事業年度終了の日の翌日から2か月以内に決算書を添付した法人税申告書を税務署長に提出しなければならないとしている。法人税申告書に記入される数値の基礎となる**決算書**は，貸借対照表，損益計算書，株主資本等変動計算書，個別注記表で構成される。法人税申告書を提出する際には，決算書に加えて勘定科目内訳明細書，事業概況説明書等の添付が必要となる。

(5) 公正なる会計慣行としての会計基準

日本の会計制度においては，会計にかかわる先述の会社法や金融商品取引法，法人税法等の諸法律に基づき，その制度上の目的の首尾一貫性や合理性を担保するため，財務諸表（会社法では「計算書類」という）の作成にあたっては，一般に公正妥当と認められる公正なる会計慣行である会計基準等に準拠すること

とされている。

公正なる会計慣行とは，1949年に大蔵省企業会計審議会が定めた「企業会計原則」に始まり，同審議会がその後設定してきた諸会計基準，そして，2001年からは上記審議会に代わり会計基準の設定主体となった企業会計基準委員会（ASBJ）が設定した企業会計基準等を意味すると考えられている。

ただし，たとえば，国際的に事業活動を展開する多国籍企業においては，連結財務諸表に国際財務報告基準（IFRS）や米国会計基準を適用しているケースが多くみられる。EU各国では，2005年より連結財務諸表にIFRSの適用が義務づけられている。日本では，連結財務諸表を作成している等の一定の条件を満たす会社については2010年よりIFRSの任意適用が可能となっている。

我が国の代表的な公正なる会計慣行を表象する企業会計基準については次章以後で考察していく。

企業会計の意義

(1) 会計学の専門領域

会計学は，企業の経済事象ないしは経済活動を計算対象とするものであることから，企業会計が主要な対象領域となる。

また，会計学の専門領域には，主に株主や債権者等の企業外部の利害関係者に企業活動の結果を報告するための会計情報を扱う分野である**財務会計**，そして，社内の経営者や管理職などに向けて，彼らの経営意思決定を行う際の情報として役立つ会計データを分析対象とする分野の**管理会計**がある。主な情報利用者の企業との関係性から前者を外部報告会計，後者を内部報告会計とよぶこともある。

それぞれの特徴として，財務会計は企業外部者に対する情報提供という点で信頼性が求められることから，会社法などの法律，会計基準などの厳格なルールに基づき実施される一方，管理会計は企業内部の情報利用者のニーズに従い提供されるものである点で科学的に合理性があるものであれば問題はなく，会社法等の法律による規制も存在しない点で異なる（**図表１－４**）。

図表 1 - 4 ┃財務会計と管理会計の比較

	財務会計	管理会計
主な情報利用者	株主や債権者などの企業外部の主な利害関係者	経営者や管理者など企業内部の者
情報提供目的	主にアカウンタビリティ（会計責任）の履行のための情報提供	企業内部の経営的意思決定等のための情報提供
簿記との関係	密接不可分な関係	不可分な関係ではない
情報の基本的性質	公開情報のため，一定の規則や法律に基づき作成し，情報の信頼性や比較可能性の確保が不可欠となる。	企業内部の個別的情報要求に基づくので，法的な規制はなく，技術的に可能であれば提供される。

(2) 財務会計の役割機能

上述の会計学の専門領域のうち主に本書で扱う財務会計の役割機能については，一般的に以下の2つに分類される。

① 情報提供機能（→意思決定有用性アプローチ：将来予測数値指向）
② 利害調整機能（→受託責任の解除：過去の実績数値指向）

上記①の**情報提供機能**とは，企業の将来の期待キャッシュ・フローの予測情報に対するニーズを基礎とした会計情報を投資家に提供することである。その特質は，昨今の金融商品に対する時価情報の開示や包括利益情報の開示などの動向に見られるように，投資家等の情報ニーズに応え，常にその意思決定に有用な目的適合的情報を即応的に提供することにある。先の金融商品取引法における会計制度においては，財務会計の上記①の情報提供機能をもとにして投資家の保護を図っている。

また，会社法では，財務会計の上述②の**利害調整機能**をもとにして利害関係者（株主と債権者）の利害調整を図っている。利害調整機能とは，企業利益について，経営者と株主間で起こる利害の調整，また，株主と債権者の間で起こる利害調整を行う会計機能である。経営者と株主間の利害調整は，株主総会を通じて所有者（株主）に対する経営受託責任者（経営者）による経営報告によりその期間ごとの説明責任が果たされる。その説明責任のことを**アカウンタビ**

リティ（**会計責任**）という。

　株主と債権者間の利害調整は，会社法に基づく配当規制によって分配可能限
度額を確定すること等により，株主とは異なり株主総会を通じて直接企業の意
思決定に参加できない債権者の利害を保護することで遂行されている。会社法
による配当規制は，企業が配当を行う能力の確保と，負債の支払いを促すこと
につながる。したがって，財務会計による会計報告には，情報提供機能の面か
らも利害調整機能の面から，取引を基にした検証可能かつ客観的な事実に基づ
くものでなければならない。

第2章

会計基準の役割と変遷

1 会計基準の役割と設定のアプローチ

(1) 会計基準の必要性

　会計情報の中核となる財務諸表は，利害関係者間の利害調整や投資家への意思決定情報の提供において，極めて重要な社会的役割を担っている。この役割を果たすためには，法令によって財務諸表の表示形式や記載内容を規制するのみでなく，経営者が会計処理を行うに際して共通の拠り所となるものが必要となる。経営者に会計処理方法を一任することにより，まちまちの方法で会計処理がなされると，企業間の財務諸表の比較可能性が失われるとともに，会計監査における監査意見の形成が困難となり，ひいては財務諸表の信頼性が損なわれるためである。

　したがって，会計基準は，財務諸表が所期の目的を果たすために，経営者が会計処理を行うにあたっての規範として必要とされ，社会的な合意を得ることにより形成されてきたものといえる。以下では，会計基準がどのようにして作られるのか，その設定のアプローチについて概説する。

⑵　帰納的アプローチから演繹的アプローチへ

　会計基準の設定方法には，帰納的アプローチと演繹的アプローチがある。**帰納的アプローチ**は，会計実務として行われている会計処理の中から一般的，または普遍的に公正妥当と認められるものを抽出し，それを基にして会計基準として設定する方法である。これに対して，演繹的アプローチは，会計の前提となる仮定または会計の目的を設定することから始まって，置かれた仮定や目的と首尾一貫した会計処理を導き出すことにより会計基準として設定する方法である。

　帰納的アプローチにより作成された会計基準には，これまで広く行われてきた会計処理が基礎となっていることから，準拠しやすいというメリットがある。一方で，これまでに見られなかった新しい型の取引が生じた場合に機動的な対応が難しいことや，個別の会計基準間の整合性や会計基準全体としての論理的一貫性の確保が容易ではないといった欠点がある。⑶で説明する「企業会計原則」は，帰納的アプローチにより作成された会計基準である。

　演繹的アプローチは，帰納的アプローチの欠点を補完して，理論的に体系化された会計基準を設定しようとするものであり，会計公準や概念フレームワークから首尾一貫した会計処理の基準を導き出す取組みである。一般的な会計公準としては，⑴**企業実体の公準**，⑵**継続企業の公準**，および⑶**貨幣的評価の公準**が知られている（**図表2−1**）。また，概念フレームワークは，米国財務会計基準審議会（FASB）や国際会計基準審議会（IASB）が公表しており，日本では企業会計基準委員会（ASBJ）が2006年に「討議資料『財務会計の概念フレームワーク』」を公表している。

図表2−1 ▌会計公準の概要

会計公準	会計の前提となる仮定
企業実体の公準	企業は出資者とは別個の独立した存在である。会計の計算は，法的に独立した企業実体を対象として行うが，経済的実質を反映した企業集団を対象とした会計の計算も行われる。
継続企業の公準	企業は半永久的に経営活動を継続するため，会計の計算は期間を区切って行われる。
貨幣的評価の公準	貨幣価値が変動しても特別な考慮はしない。会社の計算は，測定尺度として貨幣額を用いる。

⑶　会計基準を巡る歴史的変遷

　ここでは，第二次世界大戦後の1949年に設定された「企業会計原則」を日本において公表された会計基準の出発点と位置づけて，ここから現在に至るまでの日本における会計基準の形成過程をたどっていくこととする。

　「企業会計原則」は，戦後の経済を背景に企業会計の側面から経済再建を支援することを目的として設定された会計基準である。企業会計の進展等に伴い，「企業会計原則」は３度の修正を経たのちに，４度目となる昭和57年（1982年）修正を最後として現在に至っている。

　その後も，「原価計算基準」（1962年），「連結財務諸表原則」（1975年），「外貨建取引等会計処理基準」（1979年）等，企業会計審議会により多数の会計基準が設定された。また，1996年から2001年にかけて政府により実施された金融ビッグバンの一環として，次々と新しい基準が公表された。これら基準の多くは，2001年に設立された**企業会計基準委員会**（ASBJ：Accounting Standards Board of Japan）によって改編され，2002年以降は同委員会により会計基準が設定されている。ASBJが公表した最初の会計基準は，企業会計基準第１号「自己株式及び法定準備金の取崩等に関する会計基準」（2002年）であり，2024年９月13日現在において，企業会計基準第36号「『連結キャッシュ・フロー計算書等の作成基準』の一部改正（その２）」まで公表されている。

　2007年には，企業会計基準委員会（ASBJ）と**国際会計基準審議会**（IASB：International Accounting Standards Board）との間で交わされた日本基準と**国際財務報告基準**（IFRS：International Financial Reporting Standards）のコンバージェンスを加速化することの覚書（東京合意）が公表され，これを契機として日本基準とIFRSのコンバージェンスは急速に進展していった。1900年代に企業会計審議会より公表された会計基準の多くはASBJの企業会計基準に改編されており，2002年以降にASBJより公表された会計基準についても改訂が行われている。1949年に公表された「企業会計原則」から2024年に公表された企業会計基準第33号「中間財務諸表に関する会計基準」までの会計基準設定の状況は，章末資料における「日本における会計基準設定の経緯」に示されている。

　以下，第２節では「企業会計原則」の一般原則をとり上げて概説する。また，

14

第3節では「討議資料『財務会計の概念フレームワーク』」の概要について説明する。

2 企業会計原則

「企業会計原則」は，一般原則，損益計算書原則，貸借対照表原則，および「企業会計原則注解」から構成されている。「企業会計原則」の性質は，その前文に「企業会計の実務の中に慣習として発達したもののなかから，一般に公正妥当と認められたところを要約したものであって，必ずしも法令によって強制されないでも，すべての企業がその会計を処理するに当って従わなければならない基準である。」との記述があることから，帰納的アプローチに基づいて設定された基準であることがわかる。また，「企業会計原則」は，企業会計に関連する諸法令の制定・改廃においても尊重され，公認会計士が財務諸表の適正性を判断する際の判断基準にもなるとされていることから，企業会計における会計処理の拠り所として位置づけられる。

以下では，「企業会計原則」の一般原則について解説する。一般原則は，企業会計の基礎となる原則であり，損益計算書原則および貸借対照表原則に係る会計処理の規範とされている。

(1) 真実性の原則

> 一　企業会計は，企業の財政状態及び経営成績に関して，真実な報告を提供するものでなければならない。

この原則は，**真実性の原則**とよばれており，ここにおける真実は，相対的な真実性と解されている。「企業会計原則」の設定当時においても，金銭債権の貸倒れや減価償却資産の耐用年数等，会計処理において経営者による会計上の見積りが用いられており，現行の会計基準においてはさらに多くの会計上の見積りが求められている。また，減価償却費の計算方法や棚卸資産の原価配分方法に見られるように1つの会計処理に複数の方法が認められている場合は，採用された会計処理方法によって計算結果が異なることとなる。

したがって，企業会計における真実性の意味するところは，会計基準に準拠して適正な会計処理が行われることによって，利害関係者に対して真実な会計報告が達成されることにあると解される。また，真実性の原則は，最高規範として他の6つの一般原則の上位に位置づけられる原則とされている。

(2) 正規の簿記の原則

> 二　企業会計は，すべての取引につき，正規の簿記の原則に従って，正確な会計帳簿を作成しなければならない。

この原則は，**正規の簿記の原則**とよばれている。正規の簿記は，一般に記録の網羅性（簿記上のすべての取引が漏れなく記帳されていること），検証可能性（証拠となる資料により行われた取引が立証可能であること），秩序性（秩序だった帳簿組織が整備されていること）の要件を備えたものと解されている。

財務諸表は，会計帳簿の記録から誘導的に作成されることから，正規の簿記は財務諸表の作成基礎としてふさわしい正確な会計帳簿を作成するための原則といえるであろう。

正規の簿記の原則には企業会計原則注解1が付されており，企業会計の目的とするところは，企業の財務内容を明らかにし，企業の状況に関する利害関係者の判断を誤らせないようにすることにあるとして，重要性の乏しいものに関する簡便な処理および表示を認める旨が適用例とともに述べられている。たとえば，消耗品のうち重要性の乏しいものについては，その買入時または払出時に費用として処理する方法を採用することができるとされている。また，貸借対照表原則一において，正規の簿記の原則に従って処理された場合に生じた簿外資産および簿外負債は，貸借対照表の記載外におくことができることとされている。なお，この注解1は重要性の原則とよばれている。

(3) 資本と利益の区分の原則

> 三　資本取引と損益取引とを明瞭に区別し，特に資本剰余金と利益剰余金とを混同してはならない。

この原則は，**資本と利益の区分の原則**とよばれている。この原則では，出資者から拠出された資本と，資本の増殖分である利益を峻別することを要請している。資本取引は出資者との間で行われる取引であり，企業の純資産を直接的に増減させる出資や資本の引出し等である。損益取引は，企業が利益を得るために行う外部との取引であり，獲得された利益は元手となる資本の増殖分として純資産を増加させることとなる。

資本取引による純資産の増減と利益を混同することは，適正な損益計算の阻害要因となり，その結果，企業活動の継続のために維持拘束すべき資本が出資者への配当として社外流出すれば，債権者の利益を害する恐れが生じる。この原則は，株式会社の会計においては資本剰余金と利益剰余金を区別することにつながる。

なお，会社法では，株主資本のうち資本金を超える部分は剰余金となる。主たる配当財源は「その他利益剰余金」であるものの，会社法では資本剰余金を構成する「その他資本剰余金」も配当財源とされている。

(4) 明瞭性の原則

> 四　企業会計は，財務諸表によって，利害関係者に対し必要な会計事実を明瞭に表示し，企業の状況に関する判断を誤らせないようにしなければならない。

この原則は，**明瞭性の原則**とよばれている。財務諸表には，一定期間の企業の経営活動と決算における手続きが反映されている。この原則は，利害関係者が財務諸表をとおして企業の状況を適切に把握することが可能となるような表示を要請する原則である。

第3章で具体的な説明がなされるが，明瞭な表示を達成するために，財務諸表の表示区分については「会社計算規則」や「財務諸表等規則」による規則が定められている。貸借対照表や損益計算書の区分表示，資産と負債・収益と費用の相殺の禁止による総額表示，概観性に配慮した科目の設定が要請されている。また，注記による情報も財務諸表の本体の理解に資するものである。

(5) 継続性の原則

> 五 企業会計は，その処理の原則及び手続を毎期継続して適用し，みだりにこれ
> を変更してはならない。

この原則は，**継続性の原則**とよばれており，1つの取引について複数の会計
処理の選択適用が認められている場合に要請される原則である。企業がその実
態に即した会計処理を適用することができるように，複数の方法から最も適切
なものを選択する場合に適用される原則である。また，ひとたび採用された会
計処理方法は，継続して適用することにより経営者の利益操作を防止するとと
もに，財務諸表の期間比較性が確保される。

ただし，正当な理由が存在する場合にのみ，会計処理の変更が認められる。
具体的には，会計に関連する法令や会計基準の改廃に伴う変更や，事業内容お
よび経営環境の変化により，より適切な会計処理に変更するケースが該当する。
なお，現行の会計基準では，会計処理方法を変更した場合には，公表済みの財
務諸表に遡って変更後の会計処理方法を適用することとされている。

(6) 保守主義の原則

> 六 企業の財政に不利な影響を及ぼす可能性がある場合には，これに備えて適当
> に健全な会計処理をしなければならない。

この原則は，**保守主義の原則**とよばれている。企業経営は不確実性に晒され
ており，種々のリスクに対応することが求められている。したがって，経営者
は企業の存続を維持するために，処分可能性という性質をもつ利益を適正な範
囲で控えめに計上する会計処理を行うこととなる。このため，保守主義の原則
は慎重性の原則ともよばれている。

ただし，過度に保守的な会計処理は利益の隠ぺいにつながることから，真実
性の原則に反することとなり，認められない。企業会計原則注解4において，
「企業会計は，予測される将来の危険に備えて，慎重な判断に基づく会計処理
を行わなければならないが，過度に保守的な会計処理を行うことにより，企業

の財政状態及び経営成績の真実な報告をゆがめてはならない。」と述べられているとおりである。

(7) 単一性の原則

> 七　株主総会提出のため，信用目的のため，租税目的のため等種々の目的のために異なる形式の財務諸表を作成する必要がある場合，それらの内容は，信頼しうる会計記録に基づいて作成されたものであって，政策の考慮のために事実の真実な表示をゆがめてはならない。

　この原則は，**単一性の原則**とよばれている。この原則は，形式が多元であっても実質が一元，すなわち一組の会計帳簿に基づくものであることを要請している。株主総会提出のため，信用目的のため，租税目的のため等種々の目的のために異なる形式の財務諸表を作成する必要がある場合に，個々の形式に即した記載内容が求められることとなるが，その実質は一組の会計記録に帰する。形式が異なることを利用して，記載内容をゆがめたり，二重帳簿を設けたりすることは許されない。

3 概念フレームワーク

　2006年に企業会計基準委員会（ASBJ）より公表された「**討議資料『財務会計の概念フレームワーク』**」の前文によれば，概念フレームワークは，企業会計（特に財務会計）の基礎となる前提や概念を体系化したもので，会計基準の概念的な基盤を提供するものである。また，これにより，会計基準の理解や解釈の予測可能性を向上させ，利用者が会計基準を解釈する際の無用のコストを避けるという効果も有しているとされる。概念フレームワークの役割は，将来の基準開発のための基本的な指針を提示することにあるため，既存の基礎的な前提や概念を要約するだけでなく，吟味と再検討を加えた結果が反映されている。前述のとおり，概念フレームワークは会計基準を演繹的アプローチにより設定する際の基礎を提供している。

　「討議資料『財務会計の概念フレームワーク』」の構成は，**図表2－2**に示す

とおりである。第1章では，財務報告の目的は，投資家による企業成果の予測と企業価値の評価に役立つような企業の財務状況の開示にあるという考えに基づいて，自己の責任で将来を予測し投資の判断をする人々のために，企業の財政状態と経営成績が開示されることが示されている。

　第2章では，会計情報に求められる最も重要な特性を**意思決定有用性**と称し，これは，すべての会計情報とそれを生み出すすべての会計基準に要求される規範として機能すると位置づけている。そして，意思決定有用性を支える下位の特性として「意思決定との関連性」および「信頼性」について説明するとともに，特性間の関係を記述している。

　第3章では，財務諸表の構成要素（資産，負債，純資産，収益，費用など）を特定し，それらに定義を与えることを通じて，財務報告が対象とすべき事象を明確にしている。そうすることで，環境の変化により新たな経済事象が生じたとき，それを財務報告の対象に含めるか否かの指針としての機能が果たされる。財務報告の目的に資することを判断規準として，財務報告の対象として不適格な項目を排除するとともに，財務報告の対象とすべき項目を包摂するように構成要素の定義を記述している。

図表2-2 ┃ 「討議資料『財務会計の概念フレームワーク』」の構成

構　成	内　容
第1章　財務報告の目的	ディスクロージャー制度と財務報告の目的，会計基準の役割，ディスクロージャー制度における各当事者の役割，会計情報の副次的な利用
第2章　会計情報の質的特性	会計情報の基本的な特性：意思決定有用性 　意思決定有用性を支える特性(1)：意思決定との関連性 　意思決定有用性を支える特性(2)：信頼性 特性間の関係 　一般的制約となる特性(1)：内的整合性 　一般的制約となる特性(2)：比較可能性
第3章　財務諸表の構成要素	財務諸表の役割とその構成要素，財務報告の目的による制約，資産，負債，純資産，株主資本，包括利益，純利益，包括利益と純利益との関係，収益，費用
第4章　財務諸表における認識と測定	認識及び測定の意義，認識に関する制約条件，資産の測定，負債の測定，収益の測定，費用の測定

(注)　「討議資料『財務会計の概念フレームワーク』」は，以下のURLより閲覧できる。
　　　https://www.asb-j.jp/jp/wp-content/uploads/sites/4/begriff_20061228.pdf

第4章では，まず，定義を満たした構成要素が，どのようなタイミングで財務諸表に計上されるのかについて記述し，次に，財務諸表で認識される各構成要素の測定方法としてどのような選択肢があり得るのか，さらに，それぞれの測定値がどのような意味を持ち得るのかを記述している。

資産と負債の測定については，各種の測定値が企業の投資とどのような関連を持つのかに着目して，それぞれの測定値の意味が説明されている。また，収益と費用については，企業が投資した資金は，いつ投資のリスクから解放（投資の成果が事実となること）され，投資の成果を表す収益はどのように計上されるのか，そして，その成果を得るための犠牲である費用は，いつ，どのように計上されるのかについての説明がなされている。

4 会計基準のコンバージェンス

企業活動のグローバル化の進展を背景として，主として財務諸表の比較可能性の要請から，会計基準の国際的な統合を目指す試みは1973年の国際会計基準委員会（IASC：International Accounting Standards Committee）の設立に遡る。IASCは，主要国の会計士団体によって創設され，日本も創設時のメンバーとなっている。IASCは，2001年に国際会計基準審議会（IASB：International Accounting Standards Board）に改組されている。IASBにより設定されているIFRSには，IASCの時代に設定された国際会計基準（IAS：International Accounting Standards）の一部も引き継がれている。IFRSは，現在では世界の多くの国や地域で採用されており，EU諸国では2005年からIFRSに準拠した連結財務諸表の公表を義務づけている。

日本では，2010年（2009年4月1日以降に開始する事業年度）から日本企業の連結財務諸表にIFRSの任意適用が開始されている。日本取引所グループによれば，IFRSを任意適用している企業は，2024年6月末現在で279社（適用決定社数を含む）となっており，年々増加している。また，それに伴いIFRS任意適用会社が全上場企業の時価総額に占める割合も高まっている。

現在，日本企業が連結財務諸表の作成に準拠している会計基準には，日本基準，IFRS，米国会計基準がある。なお，日本企業の個別財務諸表は，日本基

準に準拠して作成されている。

　また，この他に**修正国際基準**がある。修正国際基準は，日本の会計処理の考え方を適切に表明するために，IFRSの一部を削除または修正したものである。現行の日本基準については，企業会計基準委員会（ASBJ）が2018年に公表した修正国際基準第1号「のれんの会計処理」および同第2号「その他の包括利益の会計処理」を除いてIFRSとの主要な差異は解消されている。

▌Column▐　概念フレームワークにおける財務諸表の構成要素の定義

　「討議資料『財務会計の概念フレームワーク』」における資産，負債，純資産，収益，費用の定義は以下のように示されている。まず，資産・負債の定義がなされ，収益・費用は資産・負債の増減額として従属的に定義されている。

　また，投資の成果がリスクから解放されるというのは，投資にあたって期待された成果が事実として確定することをいう（同資料第4章57項）。

構成要素	構成要素の定義
資　　産	資産とは，過去の取引または事象の結果として，報告主体が支配している経済的資源をいう（第3章4項）。
負　　債	負債とは，過去の取引または事象の結果として，報告主体が支配している経済的資源を放棄もしくは引き渡す義務，またはその同等物をいう（第3章5項）。
純資産	純資産とは，資産と負債の差額をいう（第3章6項）。
収　　益	収益とは，純利益または少数株主損益（非支配株主損益）を増加させる項目であり，特定期間の期末までに生じた資産の増加や負債の減少に見合う額のうち，投資のリスクから解放された部分である（第3章13項）。
費　　用	費用とは，純利益または少数株主損益（非支配株主損益）を減少させる項目であり，特定期間の期末までに生じた資産の減少や負債の増加に見合う額のうち，投資のリスクから解放された部分である（第3章15項）。

| Column | サステナビリティ情報開示の動向 |

サステナビリティ情報とは，企業が持続可能な発展を実現するために取り組んでいる環境（Environmental），社会（Social），ガバナンス（Governance）に関する情報を指す（ESGと略される）。投資家にとって，サステナビリティ情報は企業の中長期的な企業価値を評価する上で重要であるとして，法定開示書類である有価証券報告書における開示に関心が高まっている。

2003年の開示府令の改正により，コーポレート・ガバナンスに関する情報，リスクに関する情報，経営者による財務・経営成績の分析に関する開示が充実されて以来，有価証券報告書における記述情報（非財務情報）の開示は，改正のたびに拡充されてきた。

2023年の改正では，「サステナビリティに関する考え方及び取組」の記載欄が新設され，その中で，企業がサステナビリティに関する経営戦略を実行する上での「ガバナンス」，「リスク管理」，「戦略」，「指標や目標」に関する現在の取組み状況が開示されている。具体的事項としては，人的資本に関する人材育成方針や社内環境整備方針の開示はすべての企業に求められており，気候変動対応やサプライチェーンを含む人権尊重に関する開示等の事項については，企業が業態や経営環境を踏まえて重要と判断した上で開示するとされている。

サステナビリティに関する課題は企業の経営上の課題としてとらえられるものであり，今後は国際的な動向も踏まえつつ，サステナビリティ情報に対する第三者による保証についても検討されていくと考えられる。

第2章　会計基準の役割と変遷　23

資料　日本における会計基準設定の経緯

公表年	会計基準の名称	その後の改訂等
1949年	「企業会計原則」	1982年最終改訂
1962年	「原価計算基準」	
1975年	「連結財務諸表原則」	企業会計基準第22号に改編
1977年	「中間財務諸表作成基準」	企業会計基準第12号に改編
1979年	「外貨建取引等会計処理基準」	1999年最終改訂
1988年	「セグメント情報の開示に関する会計基準」	企業会計基準第17号に改編
1993年	「リース取引に係る会計基準」	企業会計基準第13号に改編
1998年	「中間連結財務諸表等の作成基準」	企業会計基準第12号に改編
1998年	「研究開発費等に係る会計基準」	
1998年	「退職給付に係る会計基準」	企業会計基準第26号に改編
1998年	「税効果会計に係る会計基準」	
1999年	「金融商品に係る会計基準」	企業会計基準第10号に改編
2002年	「固定資産の減損に係る会計基準」	
2002年	企業会計基準第1号「自己株式及び準備金の額の減少等に関する会計基準」（2015年改訂後の名称）	2015年最終改訂
2002年	企業会計基準第2号「1株当たり当期純利益に関する会計基準」	2020年最終改訂
2003年	「企業結合に係る会計基準」	企業会計基準第21号に改編
2005年	企業会計基準第4号「役員賞与に関する会計基準」	
2005年	企業会計基準第5号「貸借対照表の純資産の部の表示に関する会計基準」	2022年最終改訂
2005年	企業会計基準第6号「株主資本等変動計算書に関する会計基準」	2022年最終改訂
2005年	企業会計基準第7号「事業分離等に関する会計基準」	2019年最終改訂
2005年	企業会計基準第8号「ストック・オプション等に関する会計基準」	2022年最終改訂
2006年	企業会計基準第9号「棚卸資産の評価に関する会計基準」	2020年最終改訂
2006年	企業会計基準第10号「金融商品に関する会計基準」	2022年最終改訂
2006年	企業会計基準第11号「関連当事者の開示に関する会計基準」	2016年最終改訂
2007年	企業会計基準第12号「四半期財務諸表に関する会計基準」	企業会計基準第33号に改編
2007年	企業会計基準第13号「リース取引に関する会計基準」	企業会計基準第34号に改編
2008年	企業会計基準第16号「持分法に関する会計基準」	2015年最終改訂
2008年	企業会計基準第17号「セグメント情報等の開示に関する会計基準」	2020年最終改訂
2008年	企業会計基準第18号「資産除去債務に関する会計基準」	2024年最終改訂
2008年	企業会計基準第20号「賃貸等不動産の時価等の開示に関する会計基準」	2024年最終改訂
2008年	企業会計基準第21号「企業結合に関する会計基準」	2020年最終改訂
2008年	企業会計基準第22号「連結財務諸表に関する会計基準」	2020年最終改訂
2008年	企業会計基準第23号「『研究開発費等に係る会計基準』の一部改正」	

2009年	企業会計基準第24号「会計方針の開示，会計上の変更及び誤謬の訂正に関する会計基準」（2020年改訂後の名称）	2020年最終改訂
2010年	企業会計基準第25号「包括利益の表示に関する会計基準」	2022年最終改訂
2012年	企業会計基準第26号「退職給付に関する会計基準」	2022年最終改訂
2017年	企業会計基準第27号「法人税，住民税及び事業税等に関する会計基準」	2022年最終改訂
2018年	企業会計基準第28号「『税効果会計に係る会計基準』の一部改正」	
2018年	企業会計基準第29号「収益認識に関する会計基準」	2024年最終改訂
2019年	企業会計基準第30号「時価の算定に関する会計基準」	2022年最終改訂
2020年	企業会計基準第31号「会計上の見積りの開示に関する会計基準」	
2023年	企業会計基準第32号「『連結キャッシュ・フロー計算書等の作成基準』の一部改正」	
2024年	企業会計基準第33号「中間財務諸表に関する会計基準」	
2024年	企業会計基準第34号「リースに関する会計基準」	
2024年	企業会計基準第35号「『固定資産の減損に係る会計基準』の一部改正」	
2024年	企業会計基準第36号「『連結キャッシュ・フロー計算書等の作成基準』の一部改正（その2）」	

第**3**章

財務諸表の体系と表示にかかわる原則

1 財務諸表の体系

(1) 会社法の計算書類と金融商品取引法の財務諸表

　すべての株式会社は，会社法による財務報告が義務づけられており，上場会社等には金融商品取引法による財務報告が義務づけられている。これらの会社は，それぞれの法律で定められた会計書類の作成と報告を行わなければならない。これらの会計書類は，会社法では**計算書類**，金融商品取引法では**財務諸表**という。また，企業集団を形成して経営活動を行う親会社は，企業集団に係る会計書類である**連結計算書類（連結財務諸表）**の作成と報告を行うこととされている。親会社の作成する連結計算書類（連結財務諸表）に対して，企業ごとに単独で作成される会計書類は**個別計算書類（個別財務諸表）**とよばれる。

　会社法と金融商品取引法による財務報告制度には重複する点が少なくないことから，昨今においては関係省庁である内閣官房，金融庁，法務省，経済産業省により，両者の一体的な開示への取組みが検討されている。**図表3－1**は，会社法と金融商品取引法で定められている会計書類の体系を示している。なお，連結キャッシュ・フロー計算書を公表する企業は，個別のキャッシュ・フロー計算書の公表を要しない。

　これらの会計情報は，1事業年度単位で作成される。この他に，会社法に基

づいて特定の事象や取引に対応するために作成が認められる**臨時計算書類**がある。また，これまで，金融商品取引法に基づいて１事業年度を３か月ごとの期間に区切って作成した四半期財務諸表の開示が求められていたが，2024年４月以降の開始事業年度から第１四半期および第３四半期報告書が廃止され，第２四半期報告書を半期報告書として開示することとされた。そして，第１四半期および第３四半期の開示は，東京証券取引所の規則に基づく四半期決算短信に一本化されることとなった。

図表３−１┃会社法の計算書類と金融商品取引法の財務諸表の体系

会社法の計算書類	金融商品取引法の財務諸表
貸借対照表 損益計算書 株主資本等変動計算書 注記表 事業報告 附属明細書	貸借対照表 損益計算書 株主資本等変動計算書 キャッシュ・フロー計算書 附属明細表

計算書類は，**会社計算規則**（会社法の規定により委任された会社の計算に関する事項を定めた法務省令）に準拠して作成され，会計監査人の監査を受けることとなっている。会計監査人が監査報告書において計算書類が適正である旨の意見を表明し，**監査役会（監査等委員会）**が会計監査人の監査報告書を妥当と認めれば，計算書類は取締役会で確定する。その後，計算書類は株主総会において報告され，株主総会での承認は要しない。監査報告書で問題点が指摘された場合には，計算書類の確定は株主総会の承認を要する。

財務諸表は，**財務諸表等規則**（「財務諸表等の用語，様式及び作成方法に関する規則」の略称。内閣府令）に準拠して作成され，公認会計士または監査法人による監査が義務づけられている。金融商品取引法の適用会社は，有価証券報告書とともに監査報告書を提出しなければならない。提出された報告書は，金融庁が運営するEDINETという電子開示システムを通してインターネット上で閲覧することができる。

有価証券報告書は，投資家にとって有用な投資情報を提供することを目的としている。有価証券報告書には，企業の概況，事業の概況，設備の状況，株式・

配当・役員等の状況，経理の状況などが記載されており，連結財務諸表および財務諸表は有価証券報告書における「経理の状況」の中で報告されている。

(2) 各計算書の概要

　貸借対照表，損益計算書，株主資本等変動計算書，キャッシュ・フロー計算書，注記および附属明細表の概要は，以下のとおりである。なお，貸借対照表と損益計算書の様式は(3)において図示する。

① 貸借対照表

　貸借対照表は，会計期間の末日（決算日）における企業の**財政状態**を示している。貸借対照表には，資産，負債，および純資産が表示される。期末時点の貸借対照表は，翌期首に引き継がれる。

　株式会社は，事業活動に必要な資金を調達する。資金調達の方法としては，資本主である株主からの出資と債権者である銀行等からの借入がある。出資により調達した資金は純資産の部に表示され，借入により調達した資金は負債の部に表示される。そして，株式会社は調達した資金で事業活動に必要なさまざまな資産を準備する。資産は貸借対照表の左側（借方），負債と純資産は貸借対照表の右側（貸方）に表示される。したがって，貸借対照表の貸方は資金の調達源泉，借方はその運用形態を示しており，借方と貸方の合計額は一致する。

　決算日における資金の調達源泉である負債と純資産の状態と，資金の運用形態である資産の状態は，企業の財政状態を示しており，投資のポジションともよばれている。

② 損益計算書

　損益計算書は，期首から期末までの一会計期間における企業の**経営成績**を示している。損益計算書には，企業の営業活動により達成された収益と，収益をあげるために費やされた費用が表示される。収益は一会計期間の純利益を増加させる原因となり，費用は純利益を減少させる原因となる。

　したがって，損益計算書は，一会計期間における純利益が生じた原因を表すとともに，収益合計と費用合計の差額が純利益として計算される。一会計期間

の収益と費用，その結果得られた純利益は，当該の会計期間における企業の投資の成果である経営成績を表している。

③ 株主資本等変動計算書

株主資本等変動計算書は，貸借対照表の純資産の部の一会計期間における変動額のうち，主として，株主（連結上は親会社株主）に帰属する部分である**株主資本**の各項目の変動事由を報告するために作成される（企業会計基準第6号「株主資本等変動計算書に関する会計基準」1項）。株主資本等変動計算書の表示区分は，貸借対照表の純資産の部の表示区分に従う（同基準4項）。株主資本等変動計算書には，記載されている各項目の期首残高，前期から繰り越された利益，当期純利益または純損失，株主に支払われた配当，株式の発行または買戻し，各項目の期末残高等が記載される。したがって，株主資本等変動計算書は，企業の資本構成がどのように変化したか，またどのような要因がそれを引き起こしたかを理解するのに役立つ情報を提供している。

④ キャッシュ・フロー計算書

上述のとおり，金融商品取引法に基づいて連結財務諸表を公表する企業は，個別のキャッシュ・フロー計算書の公表を要しないことから，ここでは**連結キャッシュ・フロー計算書**をもとに説明する。なお，金融商品取引法の適用会社であり，かつ連結財務諸表を作成しない会社は，個別のキャッシュ・フロー計算書を作成しなければならない。個別のキャッシュ・フロー計算書は，連結キャッシュ・フロー計算書に準じて作成される。

連結キャッシュ・フロー計算書は，企業集団の一会計期間におけるキャッシュ・フローの状況を報告するために作成される計算書である（「連結キャッシュ・フロー計算書等の作成基準」第一）。連結キャッシュ・フロー計算書が対象とする資金の範囲は，現金（手許現金，要求払預金，特定の電子決済手段）および**現金同等物**（容易に換金可能であり，かつ，価値の変動について僅少なリスクしか負わない短期投資）であり（同基準第二の一），現金に近いもののみとなっている。2023年にASBJより公表された企業会計基準第32号「『連結キャッシュ・フロー計算書等の作成基準』の一部改正」により，現金の範囲に特定の電子決

済手段が追加された。

連結キャッシュ・フロー計算書には，「営業活動によるキャッシュ・フロー」，「投資活動によるキャッシュ・フロー」および「財務活動によるキャッシュ・フロー」の区分が設けられ（同基準第二の二），一会計期間における資金の変動と期末の残高が示される。したがって，連結キャッシュ・フロー計算書は，純利益の資金的な裏づけや資金繰りの観点からの企業の債務返済能力を評価するために役立つ情報を提供している。

⑤　注記および附属明細表

注記は，計算書類および財務諸表に記載された事項を補足説明するために記載される情報である。注記事項としては，継続企業の前提に関する注記，重要な会計方針の注記，重要な会計上の見積りに関する注記などの財務諸表作成の基本となる注記，個別の財務諸表に関する注記，重要な後発事象の注記，追加情報の注記などの記載が求められている（会社計算規則100条から116条，財務諸表等規則8条の2から8条の33）。また，注記は財務諸表の表示に続いて一連の注記事項を一括して記載するように求められている（会社計算規則98条，財務諸表等規則9条）。

計算書類および財務諸表に記載された重要項目の内訳明細や一会計期間における増減額等を記載した書類を，会社法では**附属明細書**，財務諸表等規則では**附属明細表**とよんでいる。附属明細書および附属明細表に記載される項目は，**図表3－2**に示されている。なお，財務諸表提出会社は，附属明細表のうち，有価証券明細表の作成を要しない。また，連結財務諸表提出会社は，社債明細表，借入金等明細表，資産除去債務明細表について個別の財務諸表における作成を要しない。

図表3－2｜附属明細書および附属明細表における記載項目

附属明細書（会社計算規則117条）	附属明細表（財務諸表等規則121条）
1．有形固定資産及び無形固定資産の明細 2．引当金の明細 3．販売費及び一般管理費の明細 4．関連当事者との取引に関する注記で省略した事項の明細	1．有価証券明細表 2．有形固定資産等明細表 3．社債明細表 4．借入金等明細表 5．引当金明細表 6．資産除去債務明細表

2 財務諸表の様式

(1) 勘定式の貸借対照表と損益計算書

　本項においては，計算書類および財務諸表の基幹となる貸借対照表と損益計算書の様式について解説する。貸借対照表と損益計算書の様式には，**勘定式**と**報告式**がある（**図表 3 - 3，図表 3 - 4**）。財務諸表では貸借対照表と損益計算書ともに報告式が採用されている。計算書類では損益計算書については報告式，貸借対照表については勘定式が多くみられる。

図表 3 - 3 ｜ 勘定式の貸借対照表と損益計算書の様式

貸借対照表

（資産の部）	（負債の部）
流動資産 固定資産 　　有形固定資産 　　無形固定資産 　　投資その他の資産 繰延資産	流動負債 固定負債
	（純資産の部） 株主資本 評価・換算差額等 株式引受権 新株予約権
（資産合計）	（負債・純資産合計）

損益計算書

売上原価 販売費及び一般管理費 営業外費用 特別損失 法人税，住民税及び事業税 当期純利益	売上高 営業外収益 特別利益
（費用合計・当期純利益）	（収益合計）

　勘定式の貸借対照表および損益計算書では，複式簿記の記帳方式にしたがって表示される構成要素を左右（借方および貸方）に記載する。貸借対照表の借方には資産項目，貸方には負債項目および純資産項目が記載される。損益計算

書の借方には費用項目，貸方には収益項目が記載される。実際の貸借対照表および損益計算書においては，表示された各項目について，さらに各項目を構成する具体的な科目と金額が表示される。

　勘定式では，貸借対照表も損益計算書も，左右（借方および貸方）の合計額は一致する。損益計算書の借方末尾に記載される「当期純利益」は，貸借対照表には直接表示されない。株主資本等変動計算書において，「その他利益剰余金」を構成する「繰越利益剰余金」の内訳項目として記載される。純資産の各項目は，株主資本等変動計算書において一会計期間の変動額が示される。

設例3－1　貸借対照表（勘定式）の構造

　勘定式の貸借対照表の借方合計と貸方合計が一致することを確認する。

貸借対照表
20XX年3月31日

（資産の部）			（負債の部）		
流 動 資 産		400	流 動 負 債	200	
固 定 資 産			固 定 負 債	200	400
有形固定資産	300		（純資産の部）		
無形固定資産	200		株 主 資 本	600	
投資その他の資産	150	650	評価・換算差額等	50	
繰 延 資 産		50	株式引受権	20	
			新株予約権	30	700
（資産合計）		1,100	（負債・純資産合計）		1,100

(2)　報告式の貸借対照表と損益計算書

　報告式の貸借対照表では，資産項目，負債項目，純資産項目の順に記載され，資産項目の合計額と負債項目および純資産項目の合計額がそれぞれ記載される。報告式の損益計算書では，一般的に収益および費用を発生源泉別に区分して対応表示している。まず，企業の主たる営業活動を源泉とする収益および費用が記載され，次に，経常的な財務金融取引を源泉とする収益および費用，臨時的・偶発的な取引を源泉とする収益および費用の順に記載される。貸借対照表における当期純利益の記載については，勘定式の場合と同様である。

図表3－4 報告式の貸借対照表と損益計算書

貸借対照表	損益計算書
流 動 資 産 固 定 資 産 　有形固定資産 　無形固定資産 　投資その他の資産 繰 延 資 産 　　　　　　（資産合計）	売　上　高 売 上 原 価 　　　　　　　　　売上総利益 販売費及び一般管理費 　　　　　　　　　　営業利益
流 動 負 債 固 定 負 債	営業外収益 営業外費用 　　　　　　　　　経常利益
株 主 資 本 評価・換算差額等 株式引受権 新株予約権 　　　　（負債・純資産合計）	特 別 利 益 特 別 損 失 　　　　　　税引前当期純利益 法人税・住民税及び事業税 　　　　　　　　当期純利益

設例3－2　損益計算書（報告式）の構造

　収益と費用の発生源泉別の対応に基づいて，報告式の損益計算書の段階的な利益を確認する。収益の値はプラス，費用の値はマイナスとして，当期純利益が算出される。

損益計算書

20X3年4月1日から20X4年3月31日

売　上　高	2,000
売 上 原 価	700
売上総利益	1,300
販売費及び一般管理費	800
営 業 利 益	500
営業外収益	200
営業外費用	280
経 常 利 益	420
特 別 利 益	70
特 別 損 失	140
税引前当期純利益	350
法人税・住民税及び事業税	150
当期純利益	200

第3章 財務諸表の体系と表示にかかわる原則　　33

3 貸借対照表に関する表示の原則

(1) 流動性配列法と固定性配列法

　図表3－3において示された貸借対照表では，資産および負債を流動性の高い順に記載している。すなわち，資産については換金性の高い順に，負債については支払期限の早い順に記載している。この記載方法を，**流動性配列法**という。流動性配列法は，流動資産と流動負債の金額が貸借対照表の最初に表示されており，両者の状況を把握しやすいため，企業の短期的な支払能力を判断するのに便利であるとされている。流動性配列法は，「企業会計原則」および「財務諸表等規則」に示されている原則的な方法であり，多くの企業はこの方法にしたがって貸借対照表を作成している。

　これに対して，流動性の低い項目から順に記載する方法を**固定性配列法**という。固定資産の保有割合が高い電力会社，ガス会社などは，固定性配列法を採用している場合がある。固定性配列法は，**図表3－5**において示されている。固定資産は長期にわたって事業活動に使用されることから，返済義務のない安定した資金である純資産，返済期限が長期となる固定負債により調達することが望ましいことから，固定性配列法は固定資産の調達源泉をみるのに適している。

図表3－5 ｜ 固定性配列法による貸借対照表

固定資産	純　資　産
	固定負債
流動資産	流動負債

(2) 流動項目と固定項目の分類基準

　資産および負債の流動項目と固定項目を分類するにあたっては，正常営業循環基準と1年基準が併用して適用される。**正常営業循環基準**は，商品の仕入，

販売，代金の回収，または原材料の仕入，製造，販売，代金の回収といった，反復して行われる企業の正常な営業循環の中にある項目を流動資産・流動負債に分類する基準である。正常営業循環基準の適用により流動資産となる項目には，原材料，商品，製品，仕掛品，売掛金，受取手形，現金などがあり，正常営業循環基準により流動負債となる項目には，買掛金，支払手形などがある。これらの項目は，仕入または製造から販売，そして現金回収までに1年を超えるような場合であっても，流動資産に分類される。なお，本著では受取手形および支払手形が貸借対照表に表示される項目として記載されているが，約束手形の使用は2026年から廃止となる予定である。

　企業の正常な営業循環の外にある項目については，1年基準が適用される。**1年基準**は，会計期間の末日である決算日から起算して1年以内に履行期限が到来する債権・債務，および1年以内に費用・収益となる資産・負債を流動資産・流動負債に分類し，1年を超える項目を固定資産・固定負債に分類する基準である。1年基準の適用により流動資産に分類される項目には，預金，貸付金，前払費用等があり，固定資産に分類される項目には，長期の預金，長期貸付金，長期前払費用，土地，建物，機械装置，備品等がある。また，1年基準の適用により流動負債に分類される項目には，借入金，未払金等があり，固定負債に分類される項目には，長期借入金，社債等がある。**図表3－6**は，貸借対照表の表示区分ごとの項目例を示している。

図表3－6 ┃ 貸借対照表の表示区分と項目例

流動資産 　例）現金預金，売掛金，受取手形，商品， 　　有価証券，貸付金 **固定資産** 　有形固定資産 　　例）備品，車両運搬具，機械装置，建物， 　　　土地 　無形固定資産 　　例）特許権，ソフトウェア，のれん 　投資その他の資産 　　例）投資有価証券，長期貸付金 **繰延資産** 　例）創立費，株式交付費，社債発行費， 　　開発費	**流動負債** 　例）買掛金，支払手形，借入金 **固定負債** 　例）長期借入金，社債，退職給付引当金
	株主資本 　例）資本金，資本準備金，その他資本剰余 　　金，利益準備金，その他利益剰余金 **評価・換算差額等** 　例）その他有価証券評価差額金，繰延ヘッ 　　ジ損益 **株式引受権** **新株予約権**

(3) 総額主義

　資産，負債，純資産に表示される項目は，総額によって記載することを原則とし，資産の項目と負債または純資産の項目とを相殺することにより，その全部または一部を貸借対照表から除去してはならないとされている（「企業会計原則」第三の一のB）。たとえば，売掛金の金額と買掛金の金額を相殺したり，貸付金の金額と借入金の金額を相殺したりすることで，相殺された項目の総額や取引の規模を知ることができなくなる。このように，貸借対照表に表示される項目を総額で表示せずに相殺することは，企業の財政状態の適切な表示をゆがめることとなる。

　ただし，貸倒引当金および減価償却累計額については，債権および有形固定資産からそれぞれ直接控除した後の金額のみを記載して，貸倒引当金および減価償却累計額を注記する方法も認められている（「企業会計原則」〔注17〕）。

損益計算書に関する表示の原則

(1) 収益・費用の区分表示と段階的な利益の計算

　損益計算書では，収益および費用を発生源泉別に区分して対応表示しており，発生源泉ごとに発生した利益が段階的に表示されている（「企業会計原則」第二の一のC，第二の二および第二の三）。前述のとおり，収益は当期純利益の増加の原因となる項目であり，費用は当期純利益の減少の原因となる項目である。

　まず，企業の主たる営業活動を源泉とする収益および費用からは**営業利益**が計算され，つぎに，経常的な財務金融取引を源泉とする収益および費用を営業利益に加減して，**経常利益**が計算される。そして，臨時的・偶発的な取引を源泉とする収益および費用が経常利益に加減されて，税引前当期純利益が計算される。税引前当期純利益からは「法人税・住民税及び事業税」が控除され，**当期純利益**が表示される。**図表3－7**は，損益計算書の表示区分ごとの項目例を示している。

図表3-7 ┃ 損益計算書の表示区分と表示項目例

売　上　高	
売　上　原　価	
	売上総利益
販売費及び一般管理費	
	営業利益
営業外収益	
例）受取利息，受取配当金，為替差益	
営業外費用	
例）支払利息，支払手数料，為替差損	
	経常利益
特　別　利　益	
例）固定資産売却益，投資有価証券売却益	
特　別　損　失	
例）固定資産売却損，減損損失，投資有価証券売却損	
	税引前当期純利益
法人税・住民税及び事業税	
	当期純利益

(2) 総額主義

　損益計算書においても，貸借対照表における総額主義の考え方は同様に適用されている。すなわち，費用および収益は，総額によって記載することを原則とし，費用の項目と収益の項目を直接に相殺することによってその全部または一部を損益計算書から除去してはならないとされている（「企業会計原則」第2の1のB）。

　たとえば，支払利息の金額と受取利息の金額を相殺したり，投資有価証券売却益の金額と投資有価証券売却損の金額を相殺したりすることで，相殺された項目の総額や取引の規模を知ることができなくなる。このように，損益計算書に表示される項目を総額で表示せずに相殺することは，企業の経営成績の適切な表示をゆがめることとなる。

第3章　財務諸表の体系と表示にかかわる原則　37

5　株主資本等変動計算書とキャッシュ・フロー計算書

(1)　株主資本等変動計算書の様式

　図表3－8は，企業会計基準適用指針第9号「株主資本等変動計算書に関する会計基準の適用指針」に示された個別株主資本等変動計算書の表示例であり（同指針3項），純資産の各項目を横に並べる様式によるものである。純資産の部には，株主資本以外にも，**評価・換算差額等**，**株式引受権**，**新株予約権**が表示されるが，株主資本等変動計算書においては，株主資本の項目とそれ以外の項目についての表示方法が異なる。株主資本の項目については，当期首残高，当期変動額および当期末残高に区分し，当期変動額は変動事由ごとにその金額を表示する（「株主資本等変動計算書に関する会計基準」6項）が，株主資本以外の各項目については，当期首残高，当期変動額および当期末残高に区分し，当期変動額は純額で表示する（同基準8項）。

　当期純利益は，個別株主資本等変動計算書における「その他利益剰余金」の内訳科目である「繰越利益剰余金」の変動事由として表示されており，損益計算書で算定された当期純利益を引き継いでいる。また，株主資本等変動計算書の期末残高に表示された項目ごとの金額は，貸借対照表の純資産の部における

図表3－8┃株主資本等変動計算書の表示例

	株主資本										評価・換算差額等			株式引受権	新株予約権	純資産合計
	資本金	資本剰余金			利益剰余金				自己株式	株主資本合計	その他有価証券評価差額金	繰延ヘッジ損益	評価・換算差額等合計			
		資本準備金	その他資本剰余金	資本剰余金合計	利益準備金	その他利益剰余金		利益剰余金合計								
						別途積立金	繰越利益剰余金									
当期首残高	×××	×××	×××	×××	×××	×××	×××	×××	△×××	×××	×××	×××	×××	×××	×××	×××
当期変動額																
新株の発行	×××	×××		×××						×××						×××
剰余金の配当					×××		△×××	△×××		△×××						△×××
当期純利益							×××	×××		×××						×××
自己株式の処分									×××	×××						×××
××××××																
株主資本以外の項目の当期変動額（純額）											×××	×××	×××	×××	×××	×××
当期変動額合計	×××	×××	－	×××	×××	－	×××	×××	×××	×××	×××	×××	×××	×××	×××	×××
当期末残高	×××	×××	×××	×××	×××	×××	×××	×××	×××	×××	×××	×××	×××	×××	×××	×××

（出所）　企業会計基準適用指針第9号「株主資本等変動計算書に関する会計基準の適用指針」様式例より抜粋

各項目と金額に一致する。したがって，損益計算書，株主資本等変動計算書および貸借対照表は互いに連携している。なお，連結株主資本等変動計算書の詳細については，第14章において説明されている。

⑵　キャッシュ・フロー計算書の様式

図表3−9に示す連結キャッシュ・フロー計算書の表示例では，3つの表示区分の主な項目のみを表示している。営業活動によるキャッシュ・フローの区分では，日常的な業務活動から生じる現金の流入と流出が表示される。投資活

図表3−9｜連結キャッシュ・フロー計算書（「営業活動によるキャッシュ・フロー」を間接法により表示する場合）の表示例

Ⅰ　営業活動によるキャッシュ・フロー	
税金等調整前当期純利益	×××
減価償却費	×××
売上債権の増減額	×××
棚卸資産の増減額	×××
小計	×××
法人税等の支払額	×××
営業活動によるキャッシュ・フロー	×××
Ⅱ　投資活動によるキャッシュ・フロー	
有価証券の売却による収入	×××
有形固定資産の取得による支出	×××
投資活動によるキャッシュ・フロー	×××
Ⅲ　財務活動によるキャッシュ・フロー	
短期借入れによる収入	×××
社債の償還による支出	×××
株式の発行による収入	×××
財務活動によるキャッシュ・フロー	×××
Ⅳ　現金及び現金同等物に係る換算差額	×××
Ⅴ　現金及び現金同等物の増減額	×××
Ⅵ　現金及び現金同等物の期首残高	×××
Ⅶ　現金及び現金同等物の期末残高	×××

（出所）　移管指針第6号「連結財務諸表等におけるキャッシュ・フロー計算書の作成に関する実務指針」における記載例をもとに著者作成

動によるキャッシュ・フローの区分では，固定資産の購入や売却，有価証券の取得や売却から生じる現金の流れが表示される。そして，財務活動によるキャッシュ・フローの区分では，借入金の増減，社債の発行や償還，株式の発行や買戻し，配当の支払等から生じる現金の流れが表示される。

　営業活動によるキャッシュ・フローの区分の表示方法には，直接法と間接法があり，そのいずれかによるものとされている。2つの表示方法の長所・短所，上記の3つの表示区分ごとの記載内容と記載例については，第14章で説明されている。

 ## 計算書類と財務諸表のひな型

(1) 計算書類のひな型

　計算書類の作成については，会社計算規則の72条から117条に定めがあり，計算書類の要旨（貸借対照表および損益計算書）の公告については137条から143条の規定に従うこととなる。

　計算書類の具体的な様式として広く用いられているものに，一般社団法人日本経済団体連合会より公表される「会社法施行規則及び会社計算規則による株式会社の各種書類のひな型」がある。これらのひな型は，経済界全体としての統一的なフォームを定めたものではなく，各社の参考資料として活用されることが想定されているとともに，関連法令の改正等に伴い，適宜，修正を行うことが予定されている。また，ひな型とともに記載上の注意が付されている。

(注)　「会社法施行規則及び会社計算規則による株式会社の各種書類のひな型（改訂版）」は，以下のURLより閲覧できる。このひな型では，損益計算書については報告式，貸借対照表については勘定式が採用されている。
　　https://www.keidanren.or.jp/policy/2022/094.html

(2) 財務諸表のひな型

　金融商品取引法の適用会社は，決算日から3か月以内に内閣総理大臣へ有価証券報告書を提出しなければならない。有価証券報告書は，金融庁が管理する

EDINETとよばれる電子開示システムから閲覧することができる。また，有価証券報告書提出会社のウェブサイトにおいても開示されている場合がある。有価証券報告書を検索して閲覧する場合には，連結財務諸表の作成基準にIFRS（国際財務報告基準）を適用している会社は，連結財務諸表規則に基づいて作成された連結財務諸表とは様式が異なることに留意する必要がある。

　なお，「e-Gov法令検索」から，財務諸表等規則（同規則の様式5号から様式15号）に基づく財務諸表のひな型，連結財務諸表規則（同規則の様式4号から様式11号）に基づく連結財務諸表のひな型をダウンロードすることができる。会社法に基づく貸借対照表および損益計算書が当年度の情報のみが記載されるのに対して，金融商品取引法に基づく貸借対照表，損益計算書およびキャッシュ・フロー計算書は前年度および当年度の情報が併記される。

(注)　財務諸表規則および連結財務諸表規則に基づく様式は，それぞれ以下のURLより閲覧できる。
　　　https://laws.e-gov.go.jp/law/338M50000040059
　　　https://laws.e-gov.go.jp/law/351M50000040028

(3)　個別財務諸表と連結財務諸表

　会社法の計算書類と金融商品取引法の財務諸表の体系および各計算書における表示内容については，上述のとおりである。ここでは，個別の財務諸表と連結財務諸表を取り上げて，それぞれの役割や開示される情報の範囲について説明する。

①　役割と利用目的

　会社単位で個別に作成される財務諸表は，企業の決算日における財政状態，会計期間における経営成績，株主資本の変動と決算日における残高，およびキャッシュ・フローの状況を示している。また，財務諸表は，主として剰余金の配当や課税所得計算の基礎として用いられている。

　これに対して，連結財務諸表は，支配従属関係にある2つ以上の企業からなる集団（企業集団）を単一の組織体とみなして，親会社が当該企業集団の財政状態，経営成績およびキャッシュ・フローの状況を総合的に報告するために作成

第3章　財務諸表の体系と表示にかかわる原則　　41

するものである（企業会計基準第22号「連結財務諸表に関する会計基準」1項）。企業は個々に独立して経営活動を営んでいるが，親会社と親会社が支配する**子会社**が企業集団を形成して経営活動を行っている状況が多くみられ，連結財務諸表はこのような経済的な実態を反映した企業集団全体に関する会計情報である。連結財務諸表は，投資家の意思決定のための情報提供を目的としており，有価証券報告書においても，連結財務諸表，個別財務諸表の順で記載されている。

②　開示されている情報の範囲

　個別財務諸表と連結財務諸表とでは，開示情報の範囲に一部違いがみられる（**図表3-10**参照）。連結貸借対照表の純資産の部においてのみ表示される項目として，為替換算調整勘定と非支配株主持分がある。

　為替換算調整勘定は，現地通貨で表示された海外子会社の財務諸表を日本円へ換算する際に，資産・負債項目と株主資本項目に適用される換算レートが異なることから生じる貸借の換算差額を調整する項目である。

　子会社に親会社以外の株主が存在する場合に，親会社の持分以外の部分を**非支配株主持分**という。非支配株主持分は，子会社の資本のうち，非支配株主に帰属する金額を表す項目である。

図表3-10┃個別財務諸表と連結財務諸表の開示範囲の違い

	個別財務諸表	連結財務諸表
貸借対照表の純資産の部の表示	Ⅰ　株主資本 Ⅱ　評価・換算差額等 　　1　その他有価証券評価差額金 　　2　繰延ヘッジ損益 　　3　土地再評価差額金 Ⅲ　株式引受権 Ⅳ　新株予約権	Ⅰ　株主資本 Ⅱ　その他の包括利益累計額 　　1　その他有価証券評価差額金 　　2　繰延ヘッジ損益 　　3　土地再評価差額金 　　4　為替換算調整勘定 　　5　退職給付に係る調整累計額 Ⅲ　株式引受権 Ⅳ　新株予約権 Ⅴ　非支配株主持分
包括利益の表示	包括利益は表示されない	1計算書方式または2計算書方式により表示される

また，連結財務諸表では**包括利益計算書**が開示される。**包括利益**は，特定期間における純資産の変動額のうち，株主との直接的な取引によらない部分と定義される（「財務会計の概念フレームワーク」第3章8項）。すなわち，純資産の期首と期末の増減額から株主との取引を除いた部分が包括利益となる。包括利益は「当期純利益」と「その他の包括利益」から成り，「その他の包括利益」に表示される項目のうち会計期間中に当期純利益に含められることとなった項目は「その他の包括利益」から「当期純利益」に組替調整（リサイクリング）が行われる。

包括利益は，1計算書方式または2計算書方式により表示される（**図表3－11**）。2計算書方式は，連結損益計算書とは別に連結包括利益計算書を作成する方法である。連結損益計算書の最終数値として，親会社に帰属する当期純利益を表示する。連結包括利益計算書では，当期純利益からスタートして「その他の包括利益」に属する項目を加減して，最終数値として包括利益を表示する。1計算書方式は，連結損益計算書の当期純利益に続けて，「その他の包括利益」に表示される項目を加減して，最終数値として包括利益を表示する方法であり，「連結損益及び包括利益計算書」とよばれる。**図表3－11**は，企業会計基準第25号「包括利益の表示に関する会計基準」において示されている連結財務諸表における包括利益の表示例である。

第3章 財務諸表の体系と表示にかかわる原則　43

図表3−11 包括利益の表示方式

【2計算書方式】		【1計算書方式】	
＜連結損益計算書＞		＜連結損益及び包括利益計算書＞	
売上高	10,000	売上高	10,000
………………			
税金等調整前当期純利益	2,200	税金等調整前当期純利益	2,200
法人税等	900	法人税等	900
当期純利益	1,300	当期純利益	1,300
非支配株主に帰属する当期純利益	300	（内訳）	
親会社株主に帰属する当期純利益	1,000	親会社株主に帰属する当期純利益	1,000
		非支配株主に帰属する当期純利益	300
＜連結包括利益計算書＞			
当期純利益	1,300		
その他の包括利益：		その他の包括利益：	
その他有価証券評価差額金	530	その他有価証券評価差額金	530
繰延ヘッジ損益	300	繰延ヘッジ損益	300
為替換算調整勘定	△180	為替換算調整勘定	△180
持分法適用会社に対する持分相当額	50	持分法適用会社に対する持分相当額	50
その他の包括利益合計	700	その他の包括利益合計	700
包括利益	2,000	包括利益	2,000
（内訳）		（内訳）	
親会社株主に係る包括利益	1,600	親会社株主に係る包括利益	1,600
非支配株主に係る包括利益	400	非支配株主に係る包括利益	400

（出所）　企業会計基準第25号「包括利益の表示に関する会計基準」における包括利益の表示例より抜粋

第4章

利益計算の仕組みと考え方

貸借対照表と損益計算書の関係

　貸借対照表と損益計算書の概要，表示区分，および表示項目例については，第3章で説明したとおりである。本章では，数値例を用いて貸借対照表と損益計算書の関係について説明する。

設例4－1　貸借対照表と損益計算書の関係

　X1年度の期首の財政状態は，次の貸借対照表に示すとおりである。株主からの出資700と銀行からの借入金300が資金の調達源泉であり，現金1,000が資金の運用形態となる。貸借対照表と損益計算書は，いずれも勘定式により示している。

貸借対照表（期首）

(資産の部)			(負債の部)		
流動資産			流動負債		
現　　金		1,000	借　入　金		300
			(純資産の部)		
			株主資本		
			資　本　金		700
(資産合計)		1,000	(負債・純資産合計)		1,000

期中に行われた取引は，以下の３つのみであった。

① 商品600を現金で仕入れた。

② 商品400を売価700で販売し，代金を現金で受け取った。

③ 給料80を現金で支払った。

①の取引により，商品（資産）が600増加するとともに現金（資産）が600減少した。また，②の取引により，商品（資産）400が減少し現金（資産）700が増加するとともに，売上原価（費用）400と売上高（収益）700が発生した。さらに，③の取引により，給料（費用）80が発生し現金（資産）が減少した。期中の取引の結果，収益の合計となる売上高700と，費用の合計となる売上原価400および給料80の480との差額である220が当期純利益となる。これを損益計算書と期末の貸借対照表に表すと以下のようになる。

損益計算書

売 上 原 価	400	売 上 高	700
給 料	80		
（費用合計）	480		
当期純利益	220	（収益合計）	700

貸借対照表（期末）

（資産の部）		（負債の部）	
流 動 資 産		流 動 負 債	
現 　　 金	1,020	借 　入 　金	300
商 　　 品	200	（純資産の部）	
		株 主 資 本	
		資 　本 　金	700
		利益剰余金	220
（資産合計）	1,220	（負債・純資産合計）	1,220

　期中の収益および費用の発生は，損益計算書に記載される。上述のとおり，売上高700（収益合計700）と，売上原価400および給料80（費用合計480）との差額220は，当期純利益となる。売上高700は営業活動により達成された成果であり，売上原価400および給料80は収益を達成するために費やされた努力である。このように，収益と費用は当期純利益の額および当期純利益が生じた原因を示している。したがって，損益計算書は一会計期間の経営成績を明らかにする文書である。

期末の貸借対照表は，X1年度末時点における財政状態を示している。現金1,020および商品200は，期中の取引の結果としての期末時点の有高を示している。借入金300と資本金700はそれぞれ期中の増減がなかったため，期首と同じ金額となっている。また，損益計算書に示された当期純利益220は，株主資本の増殖分として期末の貸借対照表に記載される。これにより，貸借対照表の左側に示される資産合計と，右側に示される負債と純資産の合計が一致する。

ただし，第3章第5節および第12章第1節で述べられているように，当期純利益は利益剰余金の構成項目である「繰越利益剰余金」の内訳科目となることから，貸借対照表には直接表示されず，株主資本等変動計算書において示される。

以上により，貸借対照表と損益計算書は，前者が一定時点における財政状態を示し，後者が一会計期間の経営成績を明らかにするとともに，当期純利益を結節点として相互に補完し合う関係にある。

2 財産法と損益法

上記の設例4-1から明らかなように，当期純利益の計算方法は2つある。1つは，貸借対照表の期末の株主資本と期首の株主資本の差額として当期純利益を求める方法であり，もう1つは損益計算書の収益と費用の差額として当期純利益を算定する方法である。前者は**財産法**，後者は**損益法**といわれ，式で表すと以下のようになる。また，損益計算書で算定された当期純利益が貸借対照表の株主資本の増加額として記載されることで，損益計算書と貸借対照表が連携している。

> 財産法による利益計算：期末株主資本－期首株主資本＝当期純利益
> 損益法による利益計算：期間収益－期間費用＝当期純利益

財産法による利益計算では，期末時点の資産・負債・株主資本の有高をもとに当期純利益を計算することが可能である。また，資産と負債の差額である株主資本の裏づけをもって当期純利益を計算することができる。しかし，貸借対照表のみからでは期中においてどのような取引が行われた結果として期末の有

高が存在するのかが不明なため，当期純利益が獲得された原因を知ることができない。

損益法による利益計算では，損益計算書において利益の発生原因を明らかにすることができるが，株主資本による利益の裏づけが示されない。また，収益および費用は帳簿に記録されることにより存在する項目である。したがって，損益法による利益計算は帳簿記録を前提として成立するものといえる。

なお，たとえば期中において商品の破損や紛失等により数量が減少している場合，帳簿記録からのみではそれを確認することができない。これについては，期末に実地棚卸を行うことにより，数量の減少を棚卸減耗費として処理することで（棚卸減耗費という費用が発生するとともに，商品という資産が減少する），計算の正確性が担保されている。

Column　純資産と包括利益の関係

上記の財産法による利益計算式では，期首と期末を比較した株主資本の増加額が，1会計期間における収益と費用の差額である当期純利益と一致していた。

第3章で学習したように，貸借対照表の純資産の部には，株主資本以外に評価・換算差額等，株式引受権，新株予約権といった項目が表示される。たとえば，評価・換算差額等は，その他有価証券の市場価値の変動や外貨換算の際に為替レートの変動によって生じる暫定的な金額を示している。これらの項目は，損益計算書には表示されないため，純資産の期首と期末の差額は，損益計算書で算出される当期純利益と一致しない。

これらの差額は，「連結損益及び連結包括利益計算書」または「連結包括利益計算書」では「その他の包括利益（OCI：Other Comprehensive Income）」として表示される。そして，当期純利益とOCIの合計額は包括利益とよばれ，期首と期末を比較した純資産の増加額と一致する。したがって，期首と期末を比較した純資産の増加額は，一会計期間の包括利益の増加額と一致することとなる。

なお，OCIに計上された項目は，その後，特定の条件下で利益または損失として損益計算書に再分類されることがある。この再分類を，組替調整またはリサイクリングという。

3 利益計算と収益・費用の認識と測定

　企業の経営活動に伴って生じる収益と費用を，いつ認識していくらの金額を付すかについて，現行の会計処理では発生主義会計に基づいて決定される。発生主義会計の下では，収益は実現主義，費用は発生主義により認識される。そして，実現主義により把握された当期の収益とその獲得に貢献した費用を対応させることにより，両者の金額の差額として利益が計算される。

(1) 実現主義の原則

　従来，収益の認識については，企業会計原則の「売上高は，実現主義の原則に従い，商品等の販売又は役務の給付によって実現したものに限る（第二　損益計算書原則三B)。」という文言を拠り所として行われてきた。売上収益は，販売基準とよばれる考え方に基づいて実現したものと判断される。すなわち，財またはサービスを顧客に引き渡し，対価を受領したことをもって実現の要件を充足したものとされた。その際の対価は，現金または売上債権の金額となる。このような収益認識の考え方は**実現主義の原則**に基づくものとされてきた。

　2018年に，収益認識に関する包括的な会計基準として企業会計基準第29号「収益認識に関する会計基準」が公表され，2021年4月1日以降に開始する事業年度より適用されている。この会計基準に基づいて，顧客への財またはサービスの移転を移転した財またはサービスと交換に企業が権利を得ると見込む対価の額で描写するように収益を認識することとされた（「収益認識に関する会計基準」16項）。この基準では，財またはサービスを顧客に移転する約束を**履行義務**といい，履行義務の充足をもって，充足した履行義務に配分された額で収益を認識する。この考え方は，従来の慣行に基づく収益認識に大きな変更をもたらすものではないが，収益認識の過程が精緻化されており，従来に比べて複雑なものとなっている。「収益認識に関する会計基準」については，第5章において解説されている。

(2) 発生主義の原則

費用は**発生主義の原則**により認識されるが，この場合の発生には発生した事実のみならず発生の原因となる事実の存在も含まれる。給料，広告宣伝費，支払利息などの多くの費用は，経済価値の費消により発生した事実を確認できる費用項目である。これに対して，たとえば製品保証引当金繰入（費用）のように所定の要件を充足することにより，経済価値の費消（製品の保証費用の発生）に先立って認識される項目がある。この項目は，当期に販売した製品の売上（収益）がそれに伴う保証費用の発生の原因となることから，期末において製品保証引当金（負債）が見積計上される際の相手勘定科目として生じる費用である。

(3) 収益と費用の対応

収益と費用の対応には，商品や製品の売上高（収益）と売上原価（費用）の関係に見られるように個別的対応があるが，売上原価以外の個別的対応が困難な諸々の費用については会計期間を基礎とした期間的対応が適用される。報告式の損益計算書では，販売費及び一般管理費，営業外費用，特別損失の区分に表示される費用項目は，当期に実現した収益に対して期間的に対応する費用として発生源泉に応じて記載されている。

利益計算と資産の評価

期末における資産項目の評価によって生じる評価差額は収益・費用に反映されて，利益計算に影響を及ぼすことがある。資産の評価基準にはさまざまなものがある。

(1) 取得原価

取得原価は，購買市場において資産を取得した場合の取得時点における支出額である。したがって，取得したという過去の歴史的事実に基づくことから，歴史的原価ともいわれる。たとえば，商品や備品を取得したときは，それぞれの購買市場で支払った金額をもって帳簿に記入される。取得原価には，資産の

取得に直接関連する付随費用が含まれる。

取得原価で評価された商品は，保有中における価格変動が認識されない。期中における商品の含み損益は，商品が売却市場で販売されて売上収益が計上されることによって認識される。したがって，取得原価による資産の評価は実現主義と整合性がある。また，備品は減価償却という手続きにより耐用年数（その資産が収益獲得に貢献すると予想される期間）にわたって取得原価が配分される。減価償却による取得原価の配分は，資産の価値が時の経過とともにどのように減少していくかを示すとともに，減価償却費の計上は利益計算に影響を及ぼすことから，株主や債権者が企業の将来の財務状況やキャッシュ・フローを予測するのに役立つ。

ただし，インフレーションの経済状況下では，取得原価には物価の変動が考慮されないことから，保有中の商品の価格変動が帳簿価額に反映されないことや，備品の価格上昇を考慮しないことによる減価償却不足が生じることが問題点としてあげられる。

(2) 取替原価

取替原価は，保有中の資産と同じものを購買市場で再調達して保有中の資産と取り替えるために要する支出額であり，再調達原価ともいわれる。取替原価を採用した場合は，購買市場において保有資産の価格変動が生じるたびに再評価が行われ，保有資産の評価損益が認識される。

たとえば，保有中の備品を取替原価で評価する場合，取得時の支出額によることなく現在の時価を帳簿価額に反映することができる。一方で，取得時から時の経過に応じて備品を適切に評価することができる購買市場が存在しない場合には，取替原価の把握が困難となり，その結果，取替原価による再評価額に経営者の恣意性が介入しやすいことになる。

(3) 正味売却価額

正味売却価額は，売却市場における保有資産の時価としての売価から販売に要する直接経費の見積額を控除した正味の売却価額である。たとえば，棚卸資産（商品・製品等）については期末において正味売却価額が帳簿価額よりも低

い場合には，その低い方の金額で評価しなければならない。棚卸資産は販売することを目的として保有していることから，期末における正味売却価額と帳簿価額のいずれか低い方で再評価することは，評価損の計上を先送りしないという観点からは理にかなっているといえる。

一方で，販売を予定しない資産については，正味売却価額は再評価の基準として適切とはいえない。また，再評価により資産の帳簿価額の変動が損益として認識される場合には，販売ないしは売却されるまで含み損益が認識されない取得原価による評価とは異なり，実現主義との整合性に欠けることとなる。

(4) 割引現在価値

割引現在価値は，保有資産が将来もたらすと予測されるキャッシュ・フローの現在価値を見積って，期末時点の再評価額とした金額である。割引現在価値は，減損会計，資産除去債務，リース会計，退職給付会計等において用いられている。割引現在価値を算定するには，保有資産の将来キャッシュ・フローを予測するとともに割引率を決定する必要がある。将来キャッシュ・フローの予測や割引率の決定は会計上の見積りを伴うことから，割引現在価値による測定は経営者の判断に依存する余地が大きいといえる。

(5) 時　価

時価は**公正価値**ともいわれ，企業会計基準第30号「時価の算定に関する会計基準」において，その概念および算定方法が定められている。同基準によれば，時価とは算定日において市場参加者間で秩序ある取引が行われると想定した場合に，資産の売却によって受け取る価格，または負債の移転のために支払う価格（出口価格）と定義されている（同基準5項）。評価対象となる資産は，主に一部の金融商品およびトレーディング目的で保有する棚卸資産である。

資産・負債の時価の算定には，インプットと評価技法が用いられる。インプットは時価の算定において用いる仮定であり，相場価格，金利，価格変動制等のデータのことをいう（同基準4項(5)）。評価技法には，マーケット・アプローチやインカム・アプローチがあり，評価技法を用いるにあたっては，関連性のある観察可能なインプットを最大限利用し，観察できないインプットの利

用を最小限にすることが求められる（同基準8項）。また，時価の算定に用いる評価技法は，毎期継続して適用するとされている（同基準10項）。

┃Column┃　時価の算定に用いるインプットの優先順位

　時価の算定に用いるインプットは，レベル1のインプットが最も優先順位が高く，レベル3のインプットが最も優先順位が低い（同基準11項）。レベル1のインプットとは，時価の算定日において，企業が入手できる活発な市場における同一の資産または負債に関する相場価格であり調整されていないものをいう（同基準11項(1)）。レベル2のインプットとは，資産または負債について直接または間接的に観察可能なインプットのうち，レベル1のインプット以外のインプットをいう（同基準11項(2)）。レベル3のインプットとは，資産または負債について観察できないインプットであり，当該インプットは，関連性のある観察可能なインプットが入手できない場合に用いる（同基準11項(3)）。

　負債または払込資本を増加させる金融商品（たとえば，企業結合の対価として発行される株式）については，時価の算定日に市場参加者に移転されるものと仮定して，時価を算定し（同基準14項），負債の時価の算定にあたっては，負債の不履行リスクの影響を反映する（同基準15項）。

---

5 資産負債アプローチと収益費用アプローチ

　貸借対照表の構成要素である資産および負債を利益計算の中心となる概念として位置づける考え方は，**資産負債アプローチ**とよばれる。この考え方の下では，資産は経済的資源である項目のみとなり[注]，負債は経済的資源を引き渡す義務のある項目のみに限定される。そして，まず，期末における資産および負債が計算され，資産および負債の一会計期間における増減額が収益または費用として計算されることとなる。構成要素の定義においても，資産・負債が定義され，収益・費用は資産・負債の増減額として従属的に定義されている。資産負債アプローチの考え方によれば，資産と負債の差額である純資産の当期における増加額が利益とされる。

> （注）　資産としての要件は充足するものの，財務報告の目的の観点から資産に含
> まれないものの代表例には，いわゆる自己創設のれんがある。自己創設のれ
> んの計上は，経営者による企業価値の自己評価・自己申告を意味するため，
> 財務報告の目的に反するからである（討議資料「財務会計の概念フレーム
> ワーク」第3章17項に付された脚注(14)）。

　これに対して，損益計算書の構成要素である収益および費用を利益計算の中心となる概念として位置づける考え方は，**収益費用アプローチ**とよばれる。この考え方の下では，一会計期間において確実となった収益とそれに対応する費用の差額として当期純利益が計算される。したがって，収益および費用の概念および金額が利益計算の支柱を成すものであり，収入および支出のうち当期の収益または費用とならなかった部分は資産または負債として期末の貸借対照表に収容されることとなる。

　歴史的にみると，伝統的な会計の考え方は収益費用アプローチに基づいており，第2章でとり上げた「企業会計原則」は収益費用アプローチの考え方に立脚している。第2章では一般原則のみ説明したが，「企業会計原則」の一般原則の次に，貸借対照表原則に先んじて損益計算書原則が示されていることからも，損益計算書を重視する姿勢の一端をうかがい知ることができる。

　一方で，1970年代頃から国際的に資産負債アプローチの考え方が議論されるようになり，その流れは**米国財務会計基準審議会（FASB：Financial Accounting Standards Board）**や国際会計基準審議会（IASB：International Accounting Standards Board）においても引き継がれている。2000年代以降，両審議会の公表した概念フレームワークや会計基準は，資産負債アプローチの考え方がベースとなっている。日本においても，企業会計基準委員会（ASBJ：Accounting Standards Board of Japan）が公表した「討議資料『財務会計の概念フレームワーク』」および会計基準は，国際的な潮流を汲んで資産負債アプローチの考え方が反映されている。

　これらの2つの関係は，一方の考え方である収益費用アプローチを廃し，それに代わってもう一方の資産負債アプローチの考え方に移行するというというものではなく，資産負債アプローチの考え方に依拠しながらも収益費用アプ

ローチの考え方が補完的な役割を担っていると考えられる。現在においても，貸借対照表とともに損益計算書は財務諸表の中心を成す位置づけにあり，企業の経営成績を示す重要な情報となっている。

第 **5** 章

売上高の計上基準

1 「収益認識会計基準」の公表

　売上高は販売を目的とする商品や製品などの財を販売して得た収益である。サービスの提供を主たる営業活動とする企業においては，**営業収益**（または役務収益）が売上高に相当する収益になる。財の販売とサービスの提供を兼業する企業においては，損益計算書上，売上高と営業収益を区分表示するのが原則である。ただし，いずれの収益の計上についても企業会計基準第29号「収益認識に関する会計基準」（以下「収益認識会計基準」という）に従って会計処理が行われる。

　「収益認識会計基準」は，収益認識に関する包括的な会計基準として2018年3月に公表された。それまでは企業会計原則の実現主義の原則が収益認識にかかわる基本原則となっていたが，2021年4月以降の事業年度より「収益認識会計基準」が企業会計原則に優先して全面的に適用開始となった。

　「収益認識会計基準」は，会計基準の国際的コンバージェンス（収斂）を促進し，財務諸表の国際的な比較可能性を高めることを目的として，設定に向けた議論が開始された。したがって，「収益認識会計基準」が規定する会計処理は，基本的にIFRS第15号「顧客との契約から生じる収益」の考え方をもとにしている。

2　「収益認識会計基準」の概要

　「収益認識会計基準」は，顧客との契約から生じる収益の会計処理を定めている。ここにいう顧客とは，対価と交換に，企業の通常の営業活動で生じた財またはサービスを得るために，その企業と契約を結ぶ当事者のことをいう（同基準6項）。本会計基準の基本となる原則は，約束した財またはサービスの顧客への移転を当該財またはサービスと交換に企業が権利を得ると見込む対価の額で描写するように，収益を認識することである（同基準16項）。具体的には，**図表5－1**の5つのステップに沿って，約束した財またはサービスを顧客に移転することにより，履行義務を充足した時にまたは充足するにつれて，充足した履行義務に配分された額で収益を計上するものとしている（同基準17項）。

図表5－1 ┃ 収益認識の5つのステップ

ステップ1	顧客との契約の識別	｝計上する単位の決定
ステップ2	履行義務の識別	
ステップ3	取引価格の算定	｝計上する金額の決定
ステップ4	取引価格の履行義務への配分	
ステップ5	履行義務の充足時に収益を認識	｝計上する時点または期間の決定

3　契約と履行義務の識別

⑴　顧客との契約の識別（ステップ1）

　ステップ1は，顧客との契約の識別である。このステップでは，財またはサービスの移転に関する顧客との契約が，「収益認識会計基準」の対象となる契約かどうかを判定する。ここにいう契約とは，法的な強制力のある権利および義務を生じさせる複数の当事者間の取り決めのことをいう（同基準5項）。契約は書面によるだけでなく，口頭や取引慣行などによっても成立する点に注意

が必要である（同基準20項）。契約は同一の顧客と同時またはほぼ同時に複数締結することもあるが、複数の契約を結合し、単一の契約とみなして処理することもある（同基準27項）。

(2) 履行義務の識別（ステップ２）

ステップ２は、契約における履行義務の識別である。**履行義務**とは、顧客との契約において、別個の財またはサービスを顧客に移転する約束のことをいう（同基準７項）。「収益認識会計基準」では、履行義務の充足時点または履行義務が充足されるに応じて収益の計上を行うものとしている。このステップでは、どのような財またはサービスを顧客に移転するかを検討し、収益の計上単位となる履行義務を決定する。

設例５－１　履行義務の識別

当社はエレベーターの製造販売および保守点検サービスを主たる事業としている。当社は顧客Ａに対して、当社が製造販売している通常仕様の製品Ｙと10年間の保守点検サービスを44,000千円でX1年４月１日に販売する契約を結び、全額の対価を受領した。この契約における履行義務を識別しなさい。

解答・解説

履行義務は契約における約束をもとにして識別する。当社と顧客Ａが結んだ契約には、次の２つの履行義務が識別できる。
a．製品Ｙを販売する履行義務
b．10年間の保守点検サービスを提供する履行義務

4　取引価格の算定と配分

(1) 取引価格の算定（ステップ３）

ステップ３とステップ４は、収益の金額を決定する手続となる。その最初の

ステップとなるのが，ステップ 3 の取引価格の算定である。

取引価格とは，財またはサービスの顧客への移転と交換に，企業が権利を得ると見込む対価の額のことをいう（同基準 8 項）。取引価格の算定にあたっては，契約条件や取引慣行などを考慮するとともに，**図表 5 - 2** に示す事項を考慮する（同基準47 - 48項）。

図表 5 - 2｜取引価格の算定で考慮すべき事項

変動対価	顧客と約束した対価のうち変動する可能性のある部分（50項）。例：値引き，返金など。
重要な金融要素	財またはサービスの移転時点と対価の支払時点が異なることで生じた差額が金利調整と認められる場合のその差額（57項）。
現金以外の対価	現金以外の対価。時価により算定（59項）。
顧客に支払われる対価	企業が顧客に支払うまたは支払うと見込まれる現金の額や，顧客が企業に対する債務額に充当できるものの額（63項）。

(注)　図表中の項番は，「収益認識会計基準」に基づいている。

(2) 取引価格の履行義務への配分（ステップ 4 ）

ステップ 4 では，ステップ 2 で識別したそれぞれの履行義務に，ステップ 3 で算定した取引価格を配分する。取引価格の配分は，財またはサービスの顧客への移転と交換に，企業が権利を得ると見込む対価の額を描写するように行い（同基準65項），取引開始日の独立販売価格の比率に基づいて行う（同基準66項）。

ここにいう**独立販売価格**とは，財またはサービスを独立して企業が顧客に販売する場合の価格のことをいう（同基準 9 項）。独立販売価格を直接観察できない場合には，合理的に入手できるすべての情報を考慮し，観察可能な入力情報を最大限利用して，独立販売価格を見積る必要がある（同基準69項）。

設例 5 - 2　取引価格の算定と履行義務への配分

顧客Aに対して，製品Ｙと10年間の保守点検サービスを44,000千円でX1年 4 月 1 日に販売する契約について，取引価格を算定し，それを設例 5 - 1 で識別した履行義務に配分しなさい。なお，製品Ｙのみの販売価格は42,000千円，10

第5章 売上高の計上基準 61

年間の保守点検サービスのみの販売価格は6,000千円である。

解答・解説

　この契約における取引価格は，製品Yと10年間の保守点検サービスを顧客Aに販売するのと交換に権利を得ると見込む対価の額である。したがって，取引価格は44,000千円である。

　次に取引価格44,000千円を「製品Yを販売する履行義務」と「10年間の保守点検サービスを提供する履行義務」に配分するが，各履行義務への配分はそれぞれの独立販売価格の比率に基づいて行う。

a．製品Yを販売する履行義務に配分する取引価格

　　配分する割合：42,000千円／（42,000千円＋6,000千円）＝0.875

　　配分する額：44,000千円×0.875＝38,500千円

b．10年間の保守点検サービスを提供する履行義務に配分する取引価格

　　配分する割合：6,000千円／（42,000千円＋6,000千円）＝0.125

　　配分する額：44,000千円×0.125＝5,500千円

5 履行義務の充足による収益の計上

　最後のステップとなるステップ5では，それぞれの履行義務における収益の計上時点・期間を決定する。「収益認識会計基準」では，履行義務の充足による収益の計上を原則とすることから，収益の計上は履行義務が充足されるパターンに従う。具体的には，一定期間にわたって収益を計上する履行義務と一時点において収益を計上する履行義務に大別される。

(1) 一定期間にわたる収益の計上

　「収益認識会計基準」では，**図表5-3**に示す3の要件のいずれかを満たす場合，財またはサービスに対する支配が一定期間にわたり顧客に移転するものとし，一定期間にわたり収益を計上するものとしている（同基準38項）。また，一定期間にわたり充足される履行義務については，履行義務の充足に係る進捗度を見積り，その進捗度に基づき収益を一定期間にわたり認識する（同基準41項）。

図表 5 - 3 ┃一定期間にわたり充足される履行義務の判定

①	企業が契約における義務を履行するにつれて，顧客が便益を享受する。
②	企業が契約における義務を履行することにより，新資産が生じるまたは資産価値が増加し，それにつれて新資産または資産価値の増加を顧客が支配する。
③	企業が契約における義務を履行することにより，別の用途に転用できない資産が生じ，かつ，義務の履行が完了した部分について対価を収受する強制力のある権利を有している。

(2) 一時点における収益の計上

　図表 5 - 3 に示す 3 要件のいずれも満たさない場合は，財またはサービスに対する支配が一時点で顧客に移転するものとし，履行義務が充足された一時点で収益を計上するものとする（同基準39項）。その際，支配が移転した時点を判定する指標として，**図表 5 - 4** に示す 5 つを考慮する（同基準40項）。なお，図表 5 - 4 の⑤に示されるように，「収益認識会計基準」では，商品等が顧客に検収された時点で収益を計上する**検収基準**を原則とする。ただし，重要性に基づく代替的な取扱いとして，商品等を企業が出荷した時点で収益を計上する出荷基準の適用も認められている（同適用指針98項）。

図表 5 - 4 ┃支配が移転した時点を判断する指標

①	企業が顧客に提供した資産の対価を収受する現在の権利を有していること
②	顧客が資産に対する法的所有権を有していること
③	企業が資産の物理的占有を移転していること
④	顧客が資産の所有に伴う重大なリスクを負い，経済的価値を享受していること
⑤	顧客が資産を検収したこと

設例 5 - 3　　履行義務の充足と収益の計上

　当社（会計期間は 4 月 1 日から 3 月31日）は，顧客Aと結んだ契約に従い，製品Yと10年間の保守点検サービスを44,000千円でX1年 4 月 1 日に販売し，本日，決算日（X2年 3 月31日）となった。当社が計上する当期の収益の額を，設例 5 - 1 で識別した履行義務ごとに答えなさい。なお，各履行義務に配分された取引価格は，設例 5 - 2 で計算したとおりである。

第5章　売上高の計上基準　63

解答・解説

a．製品Yを販売する履行義務の収益の額

　この履行義務において，製品Yに対する支配が顧客Aに移転するのは，製品Yが顧客Aに販売（引渡・検収）されたX1年4月1日（一時点）である。また，この履行義務に配分された取引価格は，設例5-2より38,500千円であることから，この履行義務に関する当期の収益の額は，38,500千円の全額になる。

b．10年間の保守点検サービスを提供する履行義務の収益の額

　この履行義務において，保守点検サービスに対する支配が顧客Aに移転するのは，X1年4月1日からの10年間（一定期間）にわたる。また，この履行義務に配分された取引価格は，設例5-2より5,500千円であることから，この履行義務に関する当期の収益の額は，5,500千円/10年＝550千円（X1年4月1日からX2年3月31日までの1年分のみ）になる。

|Column|　出荷基準

　出荷基準は，国内販売における取引慣行として，通常，出荷から顧客への支配の移転までの日数が数日程度であることが多い点が考慮されている。したがって，出荷基準は，次の要件にあてはまる場合に適用できる。
・国内における商品または製品の販売であること
・商品または製品の出荷時から，当該商品または製品の支配が顧客に移転される時までの期間が通常の期間であること

6　契約資産と契約負債

　設例5-3において，製品Yのみを掛にて販売したとすると，この対価に対する企業の権利は，法的請求権を有する資産（売掛金）として計上する。しかし，製品Yの販売において製品Xの販売を条件とした契約を顧客と結んだ場合には，製品Yを顧客に販売したとしても，製品Xが顧客に販売されない限り，製品Yの対価に対する企業の権利に法的請求権は認められない。このような場合は，製品Yの収益は売上として計上するが，この対価に対する企業の権利は，売掛

金ではなく**契約資産**として計上する。

　また設例5-3では，10年間の保守点検サービスを提供する履行義務に5,500千円の取引価格が配分されており，この対価はすでに受取済みである。このように，財またはサービスを顧客に移転する企業の義務に対して，企業が顧客から対価を受け取ったもの，または対価を受け取る期限が到来しているものは**契約負債**として計上する（同基準11項）。

│Column│　返品権付販売契約

　返品する権利（返品権）を付して商品を販売する契約を顧客と結んだ場合には，顧客と約束した対価には返品による変動の可能性のある部分（変動対価）が含まれる。この返品権付販売契約においては，企業が権利を得ることになる対価の額を適切に予測して収益を計上するとともに，企業が権利を得ると見込まない額については返金負債として計上する（同基準53項）。

第6章

棚卸資産

1 棚卸資産の評価に関する会計基準

　企業会計基準委員会は2006年7月に企業会計基準第9号「棚卸資産の評価に関する会計基準」（以下「棚卸資産会計基準」という）を公表した。「棚卸資産会計基準」は，棚卸資産の評価方法，評価基準および開示について規定し，「企業会計原則」および「原価計算基準」に優先して適用される（同基準1項・2項）。現行の会計基準は2008年9月に改訂されたものである。

2 棚卸資産の範囲と取得原価

(1) 範　囲

　棚卸資産は，企業が営業目的を達成するために所有し，かつ，売却を予定する資産のことをいう。棚卸資産には，商品，原材料，仕掛品，半製品，製品などがある（**図表6－1**）。

図表 6 - 1 ｜通常の販売目的で保有する棚卸資産

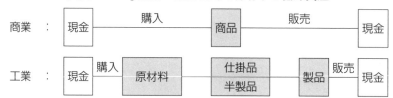

| Column | 顧客への販売目的以外で保有する棚卸資産 |

　販売活動および一般管理活動で短期間に消費される事務用消耗品なども棚卸資産に含まれる（同基準3項）。また，活発な市場が存在することを前提として，単に市場価格の変動により利益を得るために保有する棚卸資産を「トレーディング目的で保有する棚卸資産」といい，金などの貴金属が例として挙げられる。

(2) 取得原価

　商業を営む企業が購入によって取得する商品などの取得原価は，購入代価に付随費用を加算して計算する。付随費用には，引取運賃，購入手数料，検収費用や保管費などがある。また，製造業を営む企業が生産活動を通じて取得する製品などの取得原価は，適正な原価計算の手続により計算した正常実際製造原価となる。

取得原価＝購入代価＋付随費用

棚卸資産の原価配分

　棚卸資産の取得原価は，**原価配分（または費用配分）の原則**に従って，当期に販売された部分と次期以降に繰り越す部分に配分される。すなわち，**図表6－2**に示すように，当期に販売された棚卸資産の取得原価は，売上原価として当期の費用に計上する。一方，販売に至らなかった棚卸資産の取得原価は，商品等の資産として次期以降に繰り越される。

図表6−2 ｜棚卸資産の原価配分

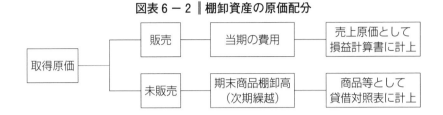

4 売上原価の計算

売上原価は，棚卸資産の払出数量に払出単価を掛けて計算する。

(1) 払出数量の計算方法

払出数量の計算方法には，継続記録法と棚卸計算法がある（**図表6−3**）。継続記録法によれば，帳簿から直接的に棚卸資産の払出数量が計算できる。しかし，帳簿をもとにした計算では，紛失や盗難などによる棚卸資産の減少は把握できない。そこで棚卸計算法を併用して期末に実地棚卸数量を把握し，適正な払出数量を計算する。

図表6−3 ｜払出数量の計算方法

数量	継続記録法	棚卸資産の受入れや払出しを帳簿に記録しておき，その帳簿から直接的に払出数量を計算する方法
	棚卸計算法	期末に実地棚卸を行って現物の数量を確認し，前期繰越数量と当期受入数量の合計からそれを差し引いて払出数量を計算する方法

(2) 払出単価の計算方法

払出単価の計算方法には，**図表6−4**に示すように，個別法，先入先出法，平均原価法などがある。**個別法**は貴金属などの個別性の強い棚卸資産に使用する方法である。**先入先出法**は販売活動における多くの棚卸資産の流れと合致する方法であるが，物価上昇時の払出単価は，実際の価格水準よりも低く計算される。**平均原価法**には移動平均法と総平均法がある。**移動平均法**は棚卸資産を

受け入れる都度平均単価を計算する方法である。一方，**総平均法**は一定期間が終了した時点で総平均単価を計算する方法である。

図表6－4 払出単価の計算方法

払出単価	個別法	受け入れた個々の棚卸資産の取得原価を記録しておき，その個々の棚卸資産の取得原価をもって払出単価とする方法
	先入先出法	先に受け入れた棚卸資産から先に払出すものと仮定して，払出単価を計算する方法
	移動平均法	棚卸資産を受け入れる都度，在庫の棚卸資産との平均単価を計算し，払出単価とする方法
	総平均法	一定期間に受け入れた棚卸資産の取得原価総額を受入総数量で除した平均単価をもって払出単価とする方法

設例6－1　払出単価の計算方法と当月売上原価・月末棚卸高の算定

A商品の月初棚卸数量は30個で単価10円（原価），当月購入した数量は50個で単価12円であった。当月の払出数量が60個，月末棚卸数量が20個であるとき，当月の売上原価と月末棚卸高を①先入先出法と②平均原価法（総平均法）により計算しなさい。

〔解答・解説〕

① 先入先出法
　売上原価660円，期末棚卸高240円

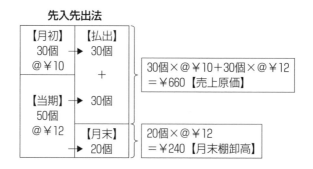

② 平均原価法（総平均法）
　売上原価675円，期末棚卸高225円

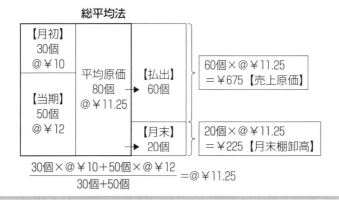

5 棚卸資産の期末評価

(1) 実地棚卸と棚卸減耗費

　棚卸資産は期末に**実地棚卸**を行い，実際に売れ残った数量（実地棚卸数量）を確認する。実地棚卸数量は帳簿上把握される棚卸資産の数量（帳簿棚卸数量）と一致する関係にある。しかし現実には，棚卸資産の破損，紛失，盗難，災害などの原因により，実地棚卸数量が帳簿棚卸数量よりも減少することがある。この棚卸資産の数量の減少を**棚卸減耗**という。

　棚卸減耗によって減少した額は，棚卸減耗費として処理する。棚卸減耗費は，破損や紛失など経常的に生じる範囲のものであれば，損益計算書上，売上原価に含めて表示する。ただし，棚卸減耗の原因が盗難や災害等による臨時的または異常なものについては，特別損失に棚卸減耗損として表示する。

棚卸減耗費 =（帳簿棚卸数量 − 実地棚卸数量）× 帳簿価額【単価】

(2) 収益性の低下と棚卸評価損

棚卸資産に欠陥がなくても、市場の価格変動により、棚卸資産の販売価格（売価）を引き下げざるを得ない場合がある。こうした棚卸資産の価値の下落を**収益性の低下**といい、棚卸資産の帳簿価額が正味売却価額を下回った場合には、収益性が低下したものと判断する。なお、**正味売却価額**とは、商品の売価から見積販売直接費（販売に直接要する販売手数料や運賃など）を控除した額のことをいう。

収益性の低下の判断は、原則として棚卸資産の個別品目ごとに行う。ただし、複数の棚卸資産を一括りとした単位で行う方が適切な場合には、継続適用を条件として、一括りとした単位ごとに判断することができる（同基準12項）。

収益性が低下した棚卸資産は、期末において、帳簿価額を正味売却価額まで切下げ、その切下げ額を**棚卸評価損**として処理する。通常の販売目的で保有する棚卸資産の棚卸評価損は、損益計算書上、原則として売上原価に含めて表示する。

> 棚卸評価損＝実地棚卸数量×（帳簿価額【単価】－正味売却価額【単価】）

設例6－2　棚卸減耗費と棚卸評価損の算定

次の資料をもとに、棚卸減耗費と棚卸評価損の金額を答えなさい。
（資料）　帳簿棚卸高　数量100個，実地棚卸高　数量90個
　　　　　帳簿価額40円（単価），正味売却価額34円（単価）

解答・解説

棚卸減耗費400円，棚卸評価損540円

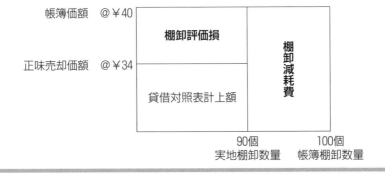

第6章 棚卸資産　71

6 簿価切下げ後の会計処理

　帳簿価額を正味売却価額まで切下げた後の会計処理の方法には，洗替え法と切放し法の2つがあり，いずれかの方法を棚卸資産の種類ごとに選択して適用する（同基準14項）。

　洗替え法とは，期末に切下げた帳簿価額を翌期首において元の帳簿価額に戻す方法のことをいう。したがって，洗替え法を適用した場合には，翌期における収益性の低下は，元の帳簿価額と翌期末の正味売却価額との比較によって判断する。また，翌期首に戻し入れられた棚卸評価損戻入額は，翌期末の棚卸評価損と相殺して処理する。

　切放し法とは，期末に切下げた帳簿価額（すなわち当期末の正味売却価額）をそのまま翌期の帳簿価額とする方法のことをいう。したがって，切放し法を適用した場合には，翌期における収益性の低下は，切下げられた帳簿価額と翌期末の正味売却価額との比較によって判断する。

第 **7** 章

有形固定資産

1 有形固定資産の範囲と分類

　有形固定資産とは，1年を超えて営業活動で使用する物理的形態のある資産のことをいう。具体的には，土地，建物，車両，備品，機械などがある。有形固定資産は，企業が自社で使用するものに限られるため，不動産業者が賃貸や販売を目的として保有する土地や建物，企業が商品として陳列している物品は有形固定資産には該当しない。

　有形固定資産の取得形態は，購入，自家建設，贈与などさまざまである。このうち購入によって取得した有形固定資産の取得原価は，購入代価に付随費用を加算して計算する（**図表7-1**）。有形固定資産の付随費用は，購入から設置および使用に至るまでにかかった追加的な費用である。具体的には，買入手数料，運送費，荷役費，据付費，試運転費，整地費用などがある。

設例7-1 取得原価の計算

　新規出店のため土地10,000千円を購入した。購入に際しては，不動産業者への仲介手数料396千円，整地費用1,500千円，登記費用148千円を支払っている。この土地の取得原価を計算しなさい。

解答・解説

　12,044千円（10,000千円+396千円+1,500千円+148千円）

図表7－1 有形固定資産の取得形態と取得原価の計算

取得形態	原則的な取得原価の計算
購　　入	購入代価に付随費用を加算
自家建設	原価計算基準に従った製造原価
贈　　与	取得した有形固定資産の公正な評価額

 減価償却

(1) 減価償却の目的

減価償却とは，**費用配分の原則**に基づいて，有形固定資産の取得原価を使用可能期間にわたる各会計期間に費用として配分する手続のことをいう。減価償却によって配分される費用を**減価償却費**といい，過年度における減価償却費の合計額を**減価償却累計額**という。減価償却は期末に行い，取得原価から減価償却累計額を間接的に控除した額が，有形固定資産の貸借対照表価額となる。

減価償却の目的は，有形固定資産の使用から得られる収益と，減価償却を通じて計算される費用（収益の獲得に貢献した価値減少分）とを対応させ，企業の経営成績を適正に表示することにある。この目的を達成するには，減価償却が恣意的な方法で行われないよう，一般に認められた所定の方法を用いなければならない。毎期，計画的・規則的に実施される減価償却を正規の減価償却という。

Column　減価償却費の自己金融効果

減価償却費は，家賃や給料等の支払いとは異なり，支出を伴わない費用である。そのため，減価償却を通じて減価償却費を計上することは，毎期その金額だけ企業内に資金が蓄積されるのと同じことになり，減価償却累計額と等しい額を外部から資金調達したのと同じ効果を企業にもたらす。これを減価償却費の自己金融効果という。

(2) 減価償却の方法

減価償却の方法には，定額法，定率法および生産高比例法などがある。各方法における減価償却費の計算式を示すと**図表7－2**のとおりである。

図表7－2 ┃ 減価償却費の計算方法

方法	減価償却費の計算式
定　額　法	取得原価÷耐用年数
定　率　法	(取得原価－減価償却累計額)×償却率
生産高比例法	取得原価×当期利用量÷総利用可能量

※ (取得原価－残存価額)÷耐用年数を旧定額法という。

① 定額法

定額法は，耐用年数にわたり均等額の減価償却費を毎期計上する方法である。この方法は，減価が毎期平均的に発生する有形固定資産に適合する。

設例7－2　定額法による減価償却費の算定

次の備品について，定額法により各年度に計上される減価償却費を計算しなさい。取得原価：200千円，耐用年数：4年，残存価額：0

解答・解説

50千円（200千円÷4年）
定額法では1年目から4年目まで均等に50千円が減価償却費となる。

各年度の定額法による減価償却費

② 定率法

定率法は，期首未償却残高（取得原価から減価償却累計額を控除した額）に，毎期一定の償却率を乗じた減価償却費を計上する方法である。この方法は，初期の減価償却費ほど多額で，徐々にその金額が逓減するため，陳腐化の激しい有形固定資産に適合する。

定率法の償却率は「1÷耐用年数×所定倍率」で計算され，2012年4月以降の所定倍率は税法上2.0倍とされる。また，a．〔期首未償却残高×償却率〕≦b．〔期首未償却残高÷残存耐用年数〕となった年度以降は，b．〔期首未償却残高÷残存耐用年数〕を減価償却費とする。

設例7－3　定率法による減価償却費の算定

次の備品について，定率法により各年度に計上される減価償却費を計算しなさい。取得原価：200千円，償却率：50％，耐用年数：4年

解答・解説

1年目：100千円〔200千円×50％〕
2年目：50千円〔(200千円－100千円)×50％〕
3年目：25千円〔(200千円－150千円)×50％〕
4年目：25千円（次のaとbの計算をしてbの金額を採用）
　a．(200千円－175千円)×50％＝12.5千円
　b．(200千円－175千円)÷1年（残存耐用年数）＝25千円

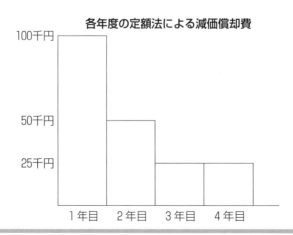

各年度の定額法による減価償却費

第7章　有形固定資産　77

③　生産高比例法

生産高比例法は，有形固定資産の利用度合いに比例した減価償却費を毎期計上する方法をいう。この方法は，有形固定資産の総利用可能量が物理的に確定でき，かつ減価が主として有形固定資産の利用に比例して発生するものに適合する。

設例7－4　生産高比例法による減価償却費の算定

次の採掘機械について，生産高比例法により各年度に計上される減価償却費を計算しなさい。取得原価：20,000千円，推定埋蔵量：10トン，1年目の採掘量2トン，2年目の採掘量4トン，3年目3トン，4年目1トン

解答・解説

1年目：4,000千円（20,000千円×2t/10t）

2年目：8,000千円（20,000千円×4t/10t）

3年目：6,000千円（20,000千円×3t/10t）

4年目：2,000千円（20,000千円×1t/10t）

---

(3)　資本的支出と減価償却

有形固定資産に関する取得後の支出については，その性質により，収益的支出と資本的支出に分けられる。**収益的支出**は，修繕など現状を維持するための支出で，支出した会計期間の費用に計上する。**資本的支出**は，改良など有形固定資産の価値の増加または耐用年数の延長をもたらす支出で，有形固定資産の取得原価に算入する。資本的支出があった場合には，支出額を取得原価に算入後，延長後の残存耐用年数にわたり減価償却費を計上する。

┃Column┃　有形固定資産の減価の原因

有形固定資産の減価の原因には，物質的原因と機能的原因がある。物質的原因とは，時の経過による老朽化や使用による摩滅損耗のことをいう。機能的原因と

は，技術革新による陳腐化，経営方針等の変更による不適応化といった経済現象のことをいう。物質的原因による価値減少を物質的減価といい，機能的原因による価値減少を機能的減価という。機能的減価を測定することは難しいため，減価償却費の計算は，物質的減価をもとに耐用年数や資産の利用量を用いて計算する。

固定資産の減損

(1) 減損会計の意義と概要

固定資産の減損とは，資産の収益性の低下により投資額の回収が見込めなくなった状態のことをいう。固定資産に減損が生じた場合には，一定の条件下で投資額の回収可能性を反映させるように帳簿価額を減額する。この会計処理を減損処理という。固定資産の減損に関する会計処理は，2002年8月9日に企業会計審議会が公表した「固定資産の減損に係る会計基準」(以下「減損会計基準」という) に定められている。「減損会計基準」に規定された会計処理の概要を示せば**図表7－3**のとおりである。

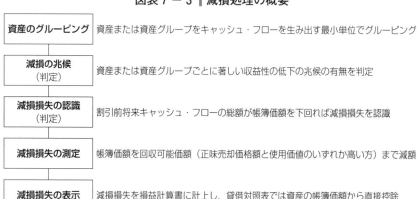

図表7－3 減損処理の概要

⑵　資産のグルーピング

　固定資産は，通常，複数の資産が一体となってキャッシュ・フローを生み出すため，複数の資産を１つのグループとして，減損損失の認識の判定と測定を行う。資産のグルーピングは，他の資産または資産グループのキャッシュ・フローから，概ね独立したキャッシュ・フローを生み出す最小の単位で行うものとする（「減損会計基準」二6⑴）。

⑶　減損の兆候

　減損の兆候とは，減損が生じている可能性を示す事象をいう。具体的な事例には，次のようなものがある（同基準二1）。

> ①　資産または資産グループが使用されている営業活動に関して，そこから生じる損益またはキャッシュ・フローが継続してマイナスとなっている。
> ②　資産または資産グループが使用されている範囲または方法に関して，当該資産または資産グループの回収可能価額を著しく低下させる変化が生じている。
> ③　資産または資産グループが使用されている事業に関して，経営環境が著しく悪化している。
> ④　資産または資産グループの市場価格が著しく下落している。

⑷　減損損失の認識

　減損の兆候が認められる場合には，その資産または資産グループについて，減損損失を認識するかどうかを判定する。この判定は，資産または資産グループの割引前将来キャッシュ・フローの総額と帳簿価額を比較することにより行う。減損損失は，割引前将来キャッシュ・フローの総額が，帳簿価額を下回る場合にのみ認識する（同基準二2⑴）。

設例7－5　　減損損失の認識

　減損の兆候が認められる固定資産（帳簿価額1,150千円）について，割引前将来キャッシュ・フローの総額が920千円と見積られた。当該固定資産の減損損失を認識するか否かを判定しなさい。

80

解答・解説

　減損損失を認識する（割引前将来キャッシュ・フローの総額が帳簿価額を下回るため）。

(5)　減損損失の測定

　減損損失を認識する資産または資産グループについては，帳簿価額を回収可能価額まで減額し，減少額を減損損失として処理する（同基準二3）。減損損失の認識の判定と測定との関係は，**図表7－4**のとおりである。

　図表7－4に示すように，割引前将来キャッシュ・フローは，減損損失の認識を判定するために使用されるものであり，減損損失の測定には用いられない。減損損失の測定では，正味売却価額と使用価値のいずれか高い方の額を回収可能価額として使用する。ここにいう正味売却価額とは，時価から処分費用見込額を控除した額のことをいう。他方，使用価値とは，継続的な使用と使用後の処分によって生ずると見込まれる将来キャッシュ・フローの割引現在価値のことをいう。

図表7－4┃減損損失の判定と測定の関係

減損損失の認識 （判定）	回収可能価額の算定 （いずれか高い方）	減損損失の測定 （帳簿価額との差額）

帳簿価額	割引前将来キャッシュ・フロー		正味売却価額	使用価値	＝	減損損失	
						回収可能価額	帳簿価額

　なお，資産グループについて認識された減損損失は，グループを構成する各資産の帳簿価額などの合理的な基準をもとに各構成資産に配分する（同基準二6(2)）。また，減損処理を行った資産の減価償却は減損損失を控除した後の帳簿価額に基づいて実施し，減損損失の戻入れは行わないものとする（同基準三1・2）。

第7章　有形固定資産　81

Column　回収可能価額の考え方

　企業は売却と使用のいずれかによって，資産または資産グループへの投資額の回収を考える。売却による回収額が使用による回収額を上回れば売却を選択し，その逆であれば継続的な使用を選択する。したがって，回収可能価額は，正味売却価額と使用価値のいずれか高い方の額ということになる。

設例7－6　**減損損失の測定**

　減損損失を認識すべき固定資産（帳簿価額3,000千円）につき，正味売却価額が2,140千円，使用価値が2,570千円と見積られた。この固定資産の減損損失の金額を答えなさい。

解答・解説

　減損損失は430千円（減損損失の金額は，帳簿価額3,000千円と回収可能価額との差額であり，回収可能価額は正味売却価額2,140千円と使用価値2,570千円のいずれか高い方の額である。したがって，3,000千円と2,570千円との差額430千円が減損損失の金額になる。）

(6)　減損損失の表示

　減損処理を行った資産は，原則として，減損処理前の帳簿価額から減損損失を直接控除した価額をもって貸借対照表に表示する。また，損益計算書上，減損損失は特別損失とする。

Column　リースの会計処理

　有形固定資産の取得形態の１つにリースがある。リースについては2024年９月に企業会計基準第34号「リースに関する会計基準」（以下「リース会計基準」という）が企業会計基準委員会より公表され，リースを次のように定義している。

　リースとは，原資産（リースの対象となる資産で，貸手によって借手に使用す

る権利が移転される資産）を使用する権利を一定期間にわたり対価と交換に移転する契約または契約の一部のことをいう（「リース会計基準」5項・9項）。

　リースにおいて，借手はリース開始日において**使用権資産**（原資産をリース期間にわたり使用する権利）とリース負債（貸手に対してリース料を支払う義務）を計上する。使用権資産の計上額は，**リース負債**の計上額にリース開始日までに支払った借手のリース料および付随費用を加算して計算する（「リース会計基準」33項）。リース負債の計上額は，リース開始日において未払いである借手のリース料からこれに含まれている利息相当額の合理的見積額を控除した現在価値により計算する（「リース会計基準」34項）。

　なお，使用権資産は期末において減価償却する。その際，減価償却の方法は，①契約上の諸条件に照らして原資産の所有権が借手に移転すると認められるリースと②それ以外のリースとで異なる。①の使用権資産の減価償却費は，原資産を自ら所有していたと仮定した場合に適用する減価償却方法と同一の方法により計算する（「リース会計基準」37項）。この場合の耐用年数は経済的使用可能予測期間とし，残存価額は合理的な見積額とする。他方，②の使用権資産の減価償却費は，定額法等の減価償却方法の中から企業の実態に応じたものを選択適用した方法により計算する（「リース会計基準」38項）。この場合は，原則として，借手のリース期間を耐用年数とし，残存価額をゼロとする。

第8章

無形固定資産

 無形固定資産の範囲と種類

無形固定資産とは，1年を超えて営業活動で使用する物理的形態のない資産のことをいう。具体的には，法律上の権利，ソフトウェア，のれんがある（**図表8－1**）。法律上の権利には，産業財産権とよばれる特許権，実用新案権，意匠権および商標権のほかに，借地権，鉱業権，漁業権などがある。

図表8－1 ┃ 無形固定資産の種類と内容

法律上の権利	産業財産権	特許権	高度の技術的な発明や発見を独占的・排他的に利用する権利
		実用新案権	物品の形状，構造または組合せにかかわる考案を独占的・排他的に利用する権利
		商標権	自社の商品，製品，サービス，包装などに使用するマークを独占的・排他的に利用する権利
		意匠権	自社の物品，構築物，画像などのデザインを独占的・排他的に利用する権利
	借地権		他人の所有する土地を借りて利用するための地上権および賃借権
	鉱業権		一定の鉱区において登録を受けた鉱物を試掘・採取する権利
	漁業権		一定の水域において漁業を営む権利
ソフトウェア			コンピューターを機能させるためのプログラムの制作において研究開発費や棚卸資産として処理されなかった制作費
のれん			他の企業の買収・合併に際し，継承した他の企業の純資産を超える支払いをした場合の超過額

84

2　無形固定資産の取得原価

　無形固定資産は，他からの買入れによって取得する場合や企業の努力によって自ら生成して取得する場合がある。そうした無形固定資産の取得原価は，原則として，それを営業活動で利用できるまでに要した一切の支出額をもって計算する。

(1)　法律上の権利

　法律上の権利を他からの買入れによって取得した場合には，購入代価に付随費用を加えた合計額をもって取得原価とする。また特許権や実用新案権のように，企業自らの研究開発によって取得した権利については，研究開発に要した支出額に，特許あるいは登録に要した出願料，弁理士への手数料などの付随費用を加えた合計額をもって取得原価とする。ただし研究開発に数年を費やし，研究開発の支出額を過年度に費用処理した場合は，権利の取得に要した付随費用のみを取得原価とする。

設例8－1　無形固定資産の取得原価

　次の無形固定資産の取得原価を計算しなさい。
①　A社から商標権を1,000千円で取得した。取得に際しては，登録料38千円を支払っている。
②　特許を出願し，特許権を取得した。この特許の研究開発には50,000千円を支出しており，特許の出願および審査に要した支出額は300千円，弁理士に支払った手数料は700千円である。

解答・解説

①　商標権：1,038千円（1,000千円＋38千円）
②　特許権：51,000千円（50,000千円＋300千円＋700千円）

(2) ソフトウェア

ソフトウェアとは，コンピュータを機能させるように指令を組み合わせて表現したプログラム等をいう（「研究開発費に係る会計基準」一・2）。その範囲は，①コンピュータに一定の仕事を行わせるためのプログラム，②システム仕様書，フローチャート等の関連文書とされる（移管指針第8号「研究開発費及びソフトウェアの会計処理に関する実務指針」6項）。ソフトウェアの制作に要した支出額は，制作目的の違いによって，研究開発費として処理する場合，棚卸資産または無形固定資産に計上する場合に分けられる。これらのうち以下のソフトウェアについては，それぞれの支出額を取得原価として無形固定資産に計上する。

> ① 市場販売目的で制作したソフトウェアについては，製品マスターの完成後に通常の改良・強化を行った際の支出額をもって無形固定資産に計上する。ただし通常とは異なる著しい改良を行った際の支出額については，研究開発費として処理する。
> ② 自社利用目的で購入または制作したソフトウェアについては，それが将来の収益獲得や費用削減が確実と認められる場合に，その支出額をもって無形固定資産に計上する。将来の収益獲得や費用の削減が不確実または不明な場合には，その支出額を発生時の費用として処理する。

設例8−2 ソフトウェアの取得原価

次の①から③のソフトウェアについて，無形固定資産に計上されるものの取得原価の合計額を答えなさい。
　① 市場販売目的で制作したソフトウェアの最初に完成した製品マスターの制作費用30,000千円
　② 市場販売目的で制作したソフトウェアの製品マスターの改良費用8,000千円
　③ 費用削減のために自社で利用するソフトウェアにつき，制作会社に依頼して支出した制作費用20,000千円。ただし，6,000千円分については将来の費用削減効果が不明確である。

解答・解説

22,000千円（8,000千円＋20,000千円−6,000千円）

市場販売目的で制作したソフトウェアの最初に完成した製品マスターの制作費用は研究開発費となる。また，自社利用目的で制作したソフトウェアについて，将来の費用削減効果が不明確な場合は，その支出額は発生時に費用処理するため無形固定資産の取得原価に含めない。

|Column|　ソフトウェア制作費の制作目的別の処理

　ソフトウェアの制作費は，「研究開発費等に係る会計基準」に従って，研究開発目的，販売目的（市場販売目的と受注制作に分けられる），自社利用目的の3つの制作目的別に会計処理が規定されている。前述の①と②以外においては，研究開発目的のソフトウェアの制作費や市場販売目的で制作した製品マスターの制作費は研究開発費として処理する。また，販売目的のうち受注制作したソフトウェアの制作費は棚卸資産に計上する。

(3)　のれん

　のれんとは，他企業の買収・合併に際し，継承した他企業の純資産額を超える支払いをした場合の超過額のことをいう。のれんは，企業の超過収益力（たとえば，会計数値には表れない従業員の質やブランド力など）を評価したものであり，他企業を買収・合併した際に認識される。なお，買収・合併の支払額が，継承した他企業の純資産額を下回る場合のその差額を**負ののれん**という。負ののれんは，負ののれん発生益として発生した会計期間の特別利益に計上する。

設例8－3　のれんの額の算定

　A社の資産合計は時価で800,000千円，負債合計は時価で300,000千円である。
①　A社を600,000千円で買収したときに生じる「のれん」の額を答えなさい。
②　A社を430,000千円で買収したときに生じる「負ののれん」の額を答えなさい。

解答・解説

継承するA社の純資産は800,000千円（資産）−300,000千円（負債）＝500,000千円

① 純資産500,000千円のA社に対して600,000千円を支払って買収したので，600,000千円−500,000千円＝100,000千円が「のれん」の額になる。

A社の貸借対照表（単位：千円）

資産（時価） 800,000	負債（時価） 300,000
	純資産 500,000　　支払額 600,000
のれん	100,000超過額

② 純資産500,000千円のA社を430,000千円で買収したので，430,000千円−500,000千円＝（△）70,000千円が「負ののれん」の額になる。

3　無形固定資産の償却と表示

(1) 償却方法と償却期間

1年を超えて使用する無形固定資産の取得原価は，期末ごとに各会計期間に配分され，費用処理される。この手続を**償却**という。

無形固定資産の償却は，原則として，残存価額をゼロとする**定額法**によって行う。ただし，鉱業権については，定額法ではなく生産高比例法によって計算することもある。また，借地権は非償却資産のため償却は行わない。

実務上，無形固定資産の償却では，法人税法上の耐用年数を償却期間とするのが一般的である（**図表8−2**）。ただし，のれんの償却期間については，法人税法では5年とされているのに対して，企業会計基準第21号「企業結合に関する会計基準」においては20年以内と規定されている。

図表8−2 ┃ 無形固定資産の償却

種類	償却方法	法人税法上の耐用年数
特許権	定額法	8年
実用新案権	定額法	5年
商標権	定額法	10年
意匠権	定額法	7年
借地権	非償却	−
鉱業権	定額法・生産高比例法	5年・8年・その他
漁業権	定額法	10年
ソフトウエア	定額法	3年・5年
のれん	定額法	5年

設例8−4　無形固定資産の償却

期首に取得した次の①から③の無形固定資産について，期末におけるそれぞれの償却額を定額法により計算しなさい。

① 特許権：取得原価7,200千円，償却期間8年

② 自社利用のソフトウエア：取得原価1,400千円，償却期間5年

③ のれん：取得原価100,000千円，償却期間10年

解答・解説

① 900千円（7,200千円÷8年）

② 280千円（1,400千円÷5年）

③ 10,000千円（100,000千円÷10年）

⑵ 貸借対照表上の表示

　無形固定資産は，取得原価から償却累計額を直接控除した残額をもって貸借対照表に表示する。

Column 　**日本とIFRSにおけるのれんの会計処理の相違**

　日本の「企業結合に関する会計基準」では，のれんの経済的な効果は時の経過とともに減少するものと考えられ，20年以内に規則的に償却するものされている。他方，国際会計基準審議会（IASB）の国際財務報告基準（IFRS）第3号「企業結合」では，のれんは耐用年数の見積りが難しいことなどから非償却資産とされ，減損処理のみが規定されている。

第**9**章

有価証券

1 会計上の有価証券

(1) 有価証券の範囲と分類

　会計上の**有価証券**は，金融商品取引法の2条1項に示された証券の範囲となり，21の証券が列挙されている。これらのうち主なものには，国債，地方債，社債，株式，新株予約権証券，投資信託などがある。

　企業会計基準第10号「金融商品に関する会計基準」は，有価証券を保有目的に応じて(1)**売買目的有価証券**，(2)**満期保有目的の債券**，(3)**子会社株式・関連会社株式**，(4)**その他有価証券**の4つに分類し，それぞれ貸借対照表価額および評価差額等の処理方法を定めている（同基準69項，15項－18項）。ここでは，4つの分類にしたがって，貸借対照表における表示区分，取得，期末における評価について解説する。

(2) 有価証券の表示区分

　有価証券の表示区分としては，(1)売買目的有価証券は流動資産に表示され，(2)満期保有目的の債券，(3)子会社株式・関連会社株式，(4)その他有価証券は，固定資産の「投資その他の資産」に表示される。なお，取得時から保有期間が経過して，貸借対照表日（決算日）の翌日から起算して1年以内に償還期限が

到来する満期保有目的の債券は，流動資産に表示される（**図表9－1**）。

図表9－1 ┃ 有価証券の表示区分

有価証券の分類	有価証券の保有目的	貸借対照表における表示区分
売買目的有価証券	有価証券の時価の変動により利益を得ることを目的として保有する	流動資産
満期保有目的の債券	満期まで所有する意図をもって保有する社債，国債，地方債など	固定資産の「投資その他の資産」
子会社株式 関連会社株式	子会社および関連会社への事業投資として保有する	固定資産の「投資その他の資産」
その他有価証券	上記以外の有価証券	固定資産の「投資その他の資産」

(3) 有価証券の取得原価

有価証券の取得原価は，購入代価に購入手数料等の付随費用を加算した金額となる。

> 有価証券の取得原価＝購入代価＋付随費用

すでに保有している銘柄と同じ有価証券を，市場から帳簿価額と異なる価額で取得した場合は，平均原価法を適用して1株当たりの新たな取得原価を算定する。また，株式会社が増資に伴って発行した株式を払込みにより取得した場合は，その払い込んだ金額をもって取得原価とする。

設例9－1　有価証券の取得原価：株式

X4年5月1日に，売買目的有価証券を1株当たり1,000円で100株取得し，付随費用200円とともに現金で支払った。この売買目的有価証券の取得原価を求めなさい。

解答・解説

1,000円×100株（購入代価）＋200円（付随費用）＝100,200円（有価証券の取得原価）

設例9－2　有価証券の取得原価：社債

　X4年4月1日に発行された額面金額1,000,000円の社債を，100円につき97円で購入し，付随費用300円とともに現金で支払った。この社債の取得原価を求めなさい。

解答・解説

　1,000,000円×97円/100円（購入代価）＋300円（付随費用）
　＝970,300円（有価証券の取得原価）
　購入代価は，額面金額×97円/100円で計算する。

 ## 2　有価証券の期末の評価

(1) 売買目的有価証券

　売買目的有価証券は，企業が余剰資金を有価証券に投資して，当該有価証券の時価の変動により利益を得ることを目的として保有する有価証券である。「時価」とは，算定日において市場参加者間で秩序ある取引が行われると想定した場合の，当該取引における資産の売却によって受け取る価格または負債の移転のために支払う価格とされる（企業会計基準第30号「時価の算定に関する会計基準」5項）。したがって，売買目的有価証券の売却益または売却損は，当該有価証券の取得原価と市場においてを売却したときの受取額との差額となる。売買目的有価証券の売却益または売却損は，有価証券運用損益として損益計算書の営業外収益または営業外費用に計上される。

　期末において企業が保有する売買目的有価証券の評価は，時価により行われ，時価をもって貸借対照表価額とする（企業会計基準第10号「金融商品に関する会計基準」15項）。また，売買目的有価証券の帳簿価額と時価の差額である評価差額は，有価証券運用損益として損益計算書の営業外収益または営業外費用に計上される。したがって，売買目的有価証券の売買損益および評価損益は，いずれも当期純利益の計算に含められることとなる。

また，売買目的有価証券は短期での売買が想定されることから，上述のとおり流動資産に表示される。

設例9-3　売買目的有価証券

X5年6月1日に，売買目的有価証券300,000円を450,000円で売却した。この有価証券の売却益を求めなさい。売買目的有価証券の付随費用は考慮しない。

解答・解説

450,000円 − 300,000円 = 150,000円

　＊450,000円は売却時の時価，300,000円は取得原価（帳簿価額）である。

設例9-4　売買目的有価証券の期末の評価

当社は，X6年3月31日（決算日）において売買目的有価証券200,000円を保有している。この有価証券の決算日における時価は，270,000円である。売買目的有価証券の期末の評価額（貸借対照表価額）と評価差額である有価証券運用損益を求めなさい。

解答・解説

売買目的有価証券の期末の評価額は270,000円，有価証券運用損益は70,000円である。

　＊売買目的有価証券の期末の評価額は，時価の270,000円となる。また，有価証券運用損益は帳簿価額200,000円と時価270,000円の差額の70,000円である。

(2)　満期保有目的の債券

満期保有目的の債券は，満期まで所有する意図をもって保有する社債，国債，地方債などが含まれる。保有している間に債券の時価が変動しても，企業は途中で売却しないことから，時価で評価する必要はない。したがって，満期保有目的債券の期末の評価は取得原価が用いられる（同基準16項）。ただし，債券を額面金額よりも低い価額である割引発行により取得する場合や，額面金額よりも高い価額である打歩発行により取得する場合がある。このような場合には，

満期保有目的の債券の額面金額と取得価額の差額が金利の調整と認められるときは、期末における評価には償却原価法を適用しなければならない（同基準16項）。

　償却原価法とは、満期保有目的の債券の額面金額と取得価額の差額を債券の償還期まで毎期一定の方法で、債券の貸借対照表価額に加算または減算する方法をいう（同基準16項（注5））。当該加減額は、受取利息または支払利息に含めて処理する（同基準16項（注5））。また、償却原価法には、利息法と定額法がある。利息法は、実効利子率による複利計算を用いてこの差額を調整する方法であり、原則的な方法とされている。これに対して定額法は、この差額を毎期均等に配分する方法であり、継続適用を前提として認められている（移管指針第9号「金融商品に関する実務指針」70項）。

設例9－5　償却原価法：定額法

　当社は、X1年4月1日に、満期保有目的でB社社債970,000円（額面金額：1,000,000円、償還日（満期）：X4年3月31日、利率年2％、利払日：3月31日および9月30日）を現金で取得した。取得原価と額面金額との差額は金利の調整であると認められるため、償却原価法の定額法を適用する。当社の会計期間は3月31日を決算日とする1年間である。X2年3月31日からX4年3月31日までの、決算日ごとの社債の帳簿価額を求めなさい。

解答・解説

1,000,000円（額面金額）－970,000円（取得原価）＝30,000円を取得から償還までの3年間で償却する。

　決算日ごとの償却額は、30,000円÷3年＝10,000円となる。当該金額は、満期保有目的債券（資産）の増加と有価証券利息（収益）の発生として処理する。ただし、償却原価法の適用により生じる有価証券利息10,000円は、帳簿上の処理であるため実際には支払いが行われず、償還日（満期日）であるX4年3月31日に償還金額に含めて支払われる。

　利払日（年2回）には、1,000,000円×2％×6か月/12か月＝10,000円が当社に支払われる。この10,000円も有価証券利息（収益）の発生として処理する。したがって、この設例では、3月31日に償却原価法の適用による10,000円と6か月分の利息10,000円の合計額である20,000円が有価証券利息として損益計算書の営業外収益に計上される。

	期首帳簿価額	利息調整額	償却原価額
X1年4月1日	970,000円		
X2年3月31日	970,000円	10,000円	980,000円
X3年3月31日	980,000円	10,000円	990,000円
X4年3月31日	990,000円	10,000円	1,000,000円

Column 償却原価法：利息法

利息法による償却原価法の適用例を示すと，以下のとおりとなる。

当社は，X1年4月1日に，満期保有目的でB社社債970,000円（額面：1,000,000円，償還日（満期日）：X4年3月31日，利率年0.5%，実効利子率1.531%，利払日：3月31日）を現金で取得した。取得原価と額面金額との差額は金利の調整であると認められるため，償却原価法の利息法を適用する。当社の会計期間は3月31日を決算日とする1年間である。X2年3月31日からX4年3月31日までの，決算日ごとの社債の帳簿価額を求めなさい。この問題では，円未満が生じた場合は四捨五入し，償還日においてB社社債の帳簿価額が額面金額となるように調整する。

(a) 利息発生額は期首の帳簿価額970,000円×実効利子率1.531%で計算する。

(b) 利息の受取額は，額面価額1,000,000円×利率年0.5%で計算する。

(c) (a)－(b)を帳簿価額に加減する。

	帳簿価額	利息発生額 (a)	利息受取額 (b)	利息調整額 (a)－(b)	償却原価額 (c)
X1年4月1日	970,000円				
X2年3月31日	970,000円	14,851円	5,000円	9,851円	979,851円
X3年3月31日	979,851円	15,002円	5,000円	10,002円	989,853円
X4年3月31日	989,853円	15,155円	5,000円	10,417円	1,000,000円

X2年3月31日における社債の帳簿価額：

(a) $970,000 \times 1.531\% - (b)1,000,000 \times 0.5\% = 14,851 - 5,000 = 9,851$

(c) $970,000 + 9,851 = 979,851$

第9章　有価証券　97

X3年3月31日における社債の帳簿価額：
- ⒜　979,851×1.531％－⒝1,000,000×0.5％＝15,002－5,000＝10,002
- ⒞　979,851＋10,002＝989,853

X4年3月31日における社債の帳簿価額：
- ⒜　989,853×1.531％－⒝1,000,000×0.5％＝15,155－5,000＝10,155
- ⒞　989,853＋10,155＝1,000,008

＊1,000,008は額面金額を超えるため，問題文にしたがい利息配分額を調整して10,147円を期首の帳簿価額989,853円に加算することで，X4年3月31日の償却原価額を額面額の1,000,000円とする。

⑶　子会社株式・関連会社株式

　子会社株式および**関連会社株式**は，売買目的有価証券のように市場価格の変動により投資の成果を得ることを目的として保有する有価証券ではなく，子会社および関連会社への事業投資として保有することが想定されている。したがって，子会社株式および関連会社株式は，事業遂行上の制約から原則として売買は想定されていないことから，著しい下落が認められない限り，期末の評価は取得原価が用いられる。子会社および関連会社については，第13章において説明されている。

設例9－6　子会社株式の期末の評価

　当社は子会社株式として，S社株式300,000株を保有している。S社株式の取得原価は1株当たり1,800円，期末の時価は1株当たり2,000円である。S社株式の期末の評価額を求めなさい。

解答・解説

　子会社株式であるS社株式の期末の評価額は，取得原価で評価される。
　したがって，子会社株式の期末の時価が取得原価を上回っている場合も取得原価で評価する。

　1,800円×300,000株＝540,000,000円

設例9－7　関連会社株式の期末の評価

当社は関連会社株式として，Ａ社株式200,000株を保有している。Ａ社株式の取得原価は1株当たり2,500円，期末の時価は1株当たり2,300円である。Ａ社株式の期末の評価額を求めなさい。

解答・解説

期末におけるＡ社株式の時価は取得原価より下落しているが，著しい下落とは判断されていないため取得原価で評価する。

2,500円×300,000株＝750,000,000円

(4)　その他有価証券

売買目的有価証券，満期保有目的の債券，子会社株式および関連会社株式以外の有価証券は，**その他有価証券**に分類される（同基準18項）。その他有価証券の典型例は，事業上の関係維持・強化を目的として相互に持ち合っているような株式である。このような目的から，その他有価証券の売却には制約がある。

その他有価証券の期末における貸借対照表価額は，市場価格のない株式等に該当しない場合（市場において取引されている株式等）は時価をもって評価し，市場価格のない株式等（市場において取引されていない株式等）は取得原価をもって評価する。

市場において取引されているその他有価証券の評価差額の扱いについては，①評価差額の合計額を貸借対照表の純資産の部の「評価・換算差額等」の区分に**その他有価証券評価差額金**として表示する方法と，②時価が取得原価を上回る銘柄に係る評価差額（評価差益）は純資産の部に計上し，時価が取得原価を下回る銘柄に係る評価差額（評価差損）は当期の損失として処理する方法がある（同基準18項）。①を**全部純資産直入法**，②を**部分純資産直入法**という。原則として，全部純資産直入法を適用するが，継続適用を条件として部分純資産直入法を適用することもできる（同指針73項）。いずれの方法によっても，洗替え方式に基づき，その他有価証券の評価差額は翌期首には戻入れの処理がなされて帳簿価額に戻される。

第9章　有価証券　99

　なお，純資産の部に計上するその他有価証券の評価差額には税効果会計が適用されるが，本書では扱わない。

設例9−7　その他有価証券の評価―評価差額がプラスの場合―

　当社は株式の持ち合いでC社株式5,000株を保有している。C社株式の取得原価（帳簿価額）は1株当たり790円，期末の時価は1株当たり850円である。C社株式の期末の評価額を求めなさい。なお，税効果会計の適用は考慮しない。

解答・解説

　C社株式の期末の評価額は時価による。
　　850円×5,000株＝4,250,000円
　C社株式の帳簿価額は，790円×5,000株＝3,950,000円であり，評価差益300,000円となる。このケースにおいては，プラスの評価差額が生じているため全部純資産直入法と部分純資産直入法のいずれを採用した場合でも，評価差額は純資産の部の「評価・換算差額等」の区分に「その他有価証券評価差額金」として表示される。

設例9−8　その他有価証券の評価―評価差額がマイナスの場合―

　当社は株式の持ち合いでC社株式5,000株を保有している。C社株式の取得原価（帳簿価額）は1株当たり790円，期末の時価は1株当たり680円である。C社株式の期末の評価額を求めなさい。なお，税効果会計の適用は考慮しない。

解答・解説

　C社株式の期末の評価額は時価による。
　　680円×5,000株＝3,400,000円
　C社株式の帳簿価額は，790円×5,000株＝3,950,000円であり，評価差損550,000円となる。このケースにおいては，マイナスの評価差額が生じているため全部純資産直入法を採用した場合は，評価差額は純資産の部の「評価・換算差額等」の区分に「その他有価証券評価差額金」として表示される。部分純資産直入法を採用した場合には，当期の損失として処理する。

(5) 有価証券の減損処理

満期保有目的の債券，子会社株式および関連会社株式，その他有価証券のうち，市場価格のない株式等に該当しない場合（市場において取引されている株式等）で，時価が著しく下落したときは，回復する見込があると認められる場合を除き，時価をもって貸借対照表価額とし，評価差額は当期の損失として処理しなければならない（同基準20項）。

市場価格のない株式等（市場において取引されていない株式等）については，発行会社の財政状態の悪化により実質価額が著しく低下したときは，相当の減額を行い，評価差額は当期の損失として処理しなければならない（同基準21項）。

著しい下落の判断の目安は50％程度以上の下落とされるが，それ以外の場合には，個々の企業において「著しく下落した」と判断するための合理的な基準を設けて減損の判断を行う（同指針91項）。

設例9－9 関連会社株式の期末の評価：減損処理

当社は関連会社株式として，A社株式200,000株を保有している。A社株式の取得原価は1株当たり2,500円，期末の時価は1株当たり1,000円である。当社は，A社株式の期末の時価を著しい下落とみなすとともに，回復の見込みはないものと判断した。A社株式の期末の評価額を求めなさい。

解答・解説

このケースでは，A社株式の下落は著しい下落と判断され減損処理がなされることから，時価で評価する。

　　1,000円×200,000株＝200,000,000円

また，A社株式の評価差額である（2,500円－1,000円）×200,000株＝300,000,000円は，当期の損失として処理する。

図表9－2は，これまでの説明に基づいて，有価証券の種類別に期末の評価および評価差額の表示について要約している。

第9章　有価証券　101

図表9－2┃有価証券の期末評価と表示等

有価証券の種類	期末の評価	減損処理	評価差額の表示等
売買目的有価証券	時価	―	評価損益は，損益計算書の営業外損益区分に表示して純利益の計算に含める。
満期保有目的の債券	償却原価	著しい下落の場合，市場価格のある株式等は時価評価。市場価格のない株式等は実質価額で評価。	償却原価法の適用による調整額の配分額は，損益計算書に表示して純利益の計算に含める。
子会社株式・関連会社株式	取得原価		減損損失は，損益計算書の特別損益区分に表示して純利益の計算に含める。
その他有価証券	時価		評価差損益には，全部純資産直入法または部分純資産直入法を適用する。

┃Column┃　投資のリスクからの解放

　売買目的有価証券は，時価の変動により利益を得ることを目的として保有されており，売却に制約はなく流動性の高い市場において短期間に売買されることが想定されている。売買目的有価証券への投資の成果は，期末に売却が完了していない状態であっても，期待した成果が当該有価証券の価格変動により確定した状態と理解される。したがって，売買目的有価証券は期末の時価で評価され，評価損益は損益計算書に表示され純利益の計算に含められる。

　この点について，企業会計基準委員会（ASBJ）より2006年に公表された「討議資料　『財務会計の概念フレームワーク』」では，「投資のリスクからの解放」という表現で説明されている。すなわち，「事業の目的に拘束されず，保有資産の値上りを期待した金融投資に生じる価値の変動は，そのまま期待に見合う事実として，リスクから解放された投資の成果に該当する」と述べられている（同資料4章57項）。

　また，事業投資であれば，資産を使用して事業活動を行って得られたキャッシュ・フローをもってその成果が事実として確定することとなる。「討議資料『財務会計の概念フレームワーク』」では，金融投資および事業投資のさまざまな実態に即した投資について，純利益および収益・費用の認識を包括的に説明する用語として「投資のリスクからの解放」という表現を用いることとしたと説明されている（同資料4章58項）。

第10章

引当金

引当金の性質と分類

(1) 引当金の性質と認識要件

引当金は，当期の収益との対応が求められる限りにおいて，将来の期間において見込まれる支出額を当期に計上する項目である。引当金の額は，期末の決算において将来に見込まれる支出額を合理的に見積もった金額である。当該金額は，損益計算書において費用として計上されるとともに，貸借対照表において負債として計上される。ただし，後述するように，**貸倒引当金**については資産の部において金銭債権の控除項目として表示される。

たとえば，売掛金のうち未回収の金額に対して避けられない将来の経済的負担は，期末において貸倒引当金として見積られ，計上されることになる。

仕訳を示せば，次のとおりとなる。

（借）	貸倒引当金繰入	×××	（貸）	貸倒引当金	×××
	（損益計算書に表示）			（貸借対照表に表示）	

引当金の計上が適正な期間損益の計算に資するためには，企業会計原則注解18に示された以下の要件をすべて充足しなければならない。

① 将来の特定の費用または損失であること。

② その発生が当期以前の事象に起因すること。

③ 発生の可能性が高いこと。

④ その金額を合理的に見積ることができること。

　これを，上述の貸倒引当金の例に当てはめてみると，次のとおりとなる。すなわち，貸倒引当金は，①売掛金の貸倒れに伴って生じる将来の資産の減少であること，②その発生が当期またはそれ以前の掛による売上に起因していること，③信用販売に伴い発生することが避けられないこと，④その金額は，過去の発生状況に基づいて合理的に見積もることができることとなり，4つの要件すべてが満たされていることがわかる。

　なお，企業会計原則注解18においては，発生の可能性の低い偶発事象に係る費用または損失については引当金を計上することはできないとされていることから，たとえば自然災害や火災などに備えて引当金を計上することはできない。

(2)　引当金の分類と表示

　「企業会計原則・注解18」の対象となる引当金は，評価性引当金と負債性引当金に大別される（**図表10-1**）。評価性引当金は資産の部に表示され，負債性引当金は決算日の翌日から起算して1年以内に使用される見込みであるか1年以上先に使用される見込みであるかによって，流動負債または固定負債に表示される。負債性引当金は，さらに負債としての性質の有無により，債務性のある引当金と非債務性の引当金に分類される。

図表10-1 ┃ 引当金の分類と表示

引当金の分類		項目例	表示区分
評価性引当金		貸倒引当金	資産の部
負債性引当金	債務性	製品保証引当金，賞与引当金，退職給付引当金等	負債の部
	非債務性	修繕引当金，特別修繕引当金，債務保証損失引当金等	負債の部

　このほかに，租税特別措置法および特別法上の準備金として，海外における投資の促進といった特定の目的のために設けられる「海外投資等損失準備金」

や公益保護の観点から設けられる「渇水準備引当金」のような利益留保性の準備金がある。これらは，固定負債の次に「特別法上の準備金（または引当金）」の区分を設けて負債性引当金とは別に表示される。

2 評価性引当金

(1) 金銭債権の評価

貸倒引当金は，期末における金銭債権の金額を回収可能な額として評価する働きをもつことから，評価性引当金とよばれる。貸倒引当金は，貸借対照表の資産の部に表示される。

① 金銭債権の範囲

金銭債権には，売掛金および受取手形，電子記録債権，長期および短期の貸付金が含まれる。

電子記録債権は，その発生または譲渡について電子記録を要件とする金銭債権であり，その取引の安全を確保し事業者の資金調達の円滑化等を図る観点から，従来の手形債権等とは異なる新しい債権の類型として制度化されたものである（実務対応報告第27号「電子記録債権に係る会計処理及び表示についての実務上の取扱い」）。電子記録債権は，電子記録債権を示す科目をもって貸借対照表に区分表示される。なお，紙の約束手形は，2026年をめどに廃止される予定とされている。

② 貸倒引当金の表示

貸倒引当金は，企業会計原則注解17において以下のように表示することが要請されている。すなわち，①その債権が属する科目ごとに控除する形式で表示することを原則とする。また，②2以上の科目について，貸倒引当金を一括して記載する方法，③貸倒引当金を控除した残額のみを記載し，当該貸倒引当金を注記する方法も妨げないとされている。

それぞれの表示方法は，**図表10－2**のように例示される。

図表10－2 ┃ 貸倒引当金の表示方法

①の表示方法（原則法）			②の表示方法			③の表示方法	
電子記録債権	1,000		電子記録債権	1,000		電子記録債権	950[注]
貸倒引当金	50	950	売掛金	2,000		売掛金	1,880[注]
売掛金	2,000		貸付金	1,500		貸付金	1,350[注]
貸倒引当金	120	1,880	貸倒引当金	320	4,180	（注）　受取手形，売掛金，貸	
貸付金	1,500					付金について貸倒引当金	
貸倒引当金	150	1,350				計320を控除している。	

(2) 貸倒れの見積り

　決算にあたり，金銭債権の期末の残高すなわち未回収高に対して貸倒れを見積り，その額を貸倒引当金として設定することとなる。貸倒れの見積りの算定にあたっては，債務者の財政状態および経営成績等に応じて，債権を①**一般債権**，②**貸倒懸念債権**，③**破産更生債権等**に区分する（企業会計基準第10号「金融商品に関する会計基準」27項）。それぞれの意味と貸倒見積高の算定方法は**図表10－3**に示すとおりである（同基準27項・28項）。

図表10－3 ┃ 債権の区分と貸倒見積高の算定方法

区分	債務者の状況等	貸倒見積高の算定方法
一般債権	経営状態に重大な問題が生じていない債務者に対する債権	債権全体または同種・同類の債権ごとに，債権の状況に応じて求めた過去の貸倒実績率等合理的な基準により算定する（貸倒実績法）。
貸倒懸念債権	経営破綻の状態には至っていないが，債務の弁済に重大な問題が生じているかまたは生じる可能性の高い債務者に対する債権	債権の状況に応じて次のいずれかを継続適用する。 ①　債権額から担保の処分見込額および保証による回収見込額を減額し，その残額について債務者の財政状態および経営成績を考慮して貸倒見積高を算定する（財務内容評価法）。 ②　債権の元本および利息の回収・受取りが見込まれるときから当期末までの期間にわたり当初の約定利子率で割り引いた金額の総額と債権の帳

第10章 引当金　107

		簿価額との差額を貸倒見積高とする（キャッシュ・フロー見積法）。
破産更生債権等	経営破綻または実質的に経営破綻に陥っている債務者に対する債権	債権額から担保の処分見込額および保証による回収見込額を減額し，その残額を貸倒見積高とする（財務内容評価法）。

設例10－1　一般債権に対する貸倒れの見積り

　一般債権である売掛金に対する過去3年間の貸倒れの発生状況は以下のとおりである。過去3年間の貸倒実績率に基づいて，当期（X5年度）末における貸倒引当金を見積りなさい。

（単位：千円）

	売掛金残高	翌期の貸倒額	貸倒率
X2年度末	10,000	200	200÷10,000×100＝2％
X3年度末	14,000	420	420÷14,000×100＝3％
X4年度末	12,000	300	300÷12,000×100＝2.5%
X5年度末	15,000		

解答・解説

　過去3年間の貸倒実績率の平均値を計算して当期（X5年度）末における貸倒実績率を算定する。

　　（2％＋3％＋2.5%）÷3＝2.5%

　当期（X5年度）末における貸倒引当金の見積高　15,000千円×2.5%＝375千円

　※参考：仕訳は以下のように示される。

　　（借）貸倒引当金繰入　375,000　　　（貸）貸倒引当金　　　　　　375,000

設例10－2　貸倒懸念債権に対する貸倒れの見積り

　当期首（X1年4月1日）に，K社に現金3,000,000円を年利率6％（利払日は3月31日），期間2年で貸し付けた。その後，K社の財政状態が悪化したため，当期末の利払後に同社との協議により年利率を2％に引き下げるとともに，元金の返済期限を2年延期してX5年3月31日とした。当期の決算（X2年3月31日）にあたり，この貸付金を貸倒懸念債権と認定して貸倒引当金を見積る。な

108

お，貸付時にＫ社より受け入れた有価証券の当期末の時価は2,000,000円であり，担保を除く部分の50％が回収不能と予想した。

①財務内容評価法および②キャッシュ・フロー見積法により，貸倒見積高を計算しなさい。

【解答・解説】

① 財務内容評価法による貸倒見積高

{3,000,000円（貸付金の帳簿価額）－2,000,000円（担保有価証券の時価）}×50％＝500,000円

② キャッシュ・フロー見積法による貸倒見積高

(単位：円)

	X3年3月31日	X4年3月31日	X5年3月31日
年利率条件緩和後の将来キャッシュ・フロー	60,000	60,000	3,060,000
当初利子率6％での割引額	56,604	53,400	2,569,235

1．年利率緩和後の将来キャッシュ・フローを当初利子率6％で割引いた金額の総額は貸付金の割引現在価値となる。

56,604円＋53,400円＋2,569,235円＝2,679,239円

2．貸付金の帳簿価額と割引現在価値の差額が貸倒見積高となる。

3,000,000円－2,679,239円＝320,761円

設例10－3　破産更生債権等に対する貸倒れの見積り

前期首に，Ｓ社に現金3,000,000円を年利率6％で貸し付けた。Ｋ社の財政状態が悪化したため，当期の決算にあたり，この貸付金を破産更生債権と認定して貸倒引当金を見積りなさい。なお，貸付時にＰ社が1,000,000円の債務保証を行っている。

【解答・解説】

破産更生債権は，財務内容評価法により貸倒れを見積る。また，破産更生債権は，債務保証の額および担保物件の評価額以外は，回収不能と予測される。

3,000,000円（貸付金の帳簿価額）－1,000,000円（債務保証額）＝2,000,000円

第10章　引当金　109

3 負債性引当金

(1) 負債性引当金の性質と分類

　負債性引当金は，**図表10－4**に示されているとおり，債務性のあるものとないものに分類される。債務性のある引当金は，一定の条件を満たしたときに取り崩されて支払いに充当される条件付債務としての性質をもつものであるのに対して，非債務性の引当金は，債務以外の経済的負担としての性質をもつものである。たとえば，非債務性の引当金に分類される修繕引当金および特別修繕

図表10－4 ▏主な負債性引当金の項目と内容

引当金の性質	項目の例	内　　容
債務性のある引当金	製品保証引当金	販売した製品について，一定期間内に故障や欠陥等が生じた場合に無償で修繕補修を行う契約を結んでいる場合に，当該製品の品質保証に伴って生じる支出額を見積計上するための引当金。
	賞与引当金	従業員との労働契約に基づいて従業員に対して賞与を支給する場合に，当期に属する支給対象期間に相当する賞与の支払いが翌期となるときに，当期分の支払額を見積計上するための引当金。
	退職給付引当金	従業員の勤続に対して退職給付を支給する制度として確定給付制度を採用している場合に，将来における退職給付の支給のうち当期に負担すべき金額を見積計上するための引当金。
債務性のない引当金	修繕引当金	固定資産の機能を維持するために毎期継続的に修繕を行っている場合に，当期に起因した修繕費用の支払いが翌期となるときに，当該支払額を見積計上するための引当金。
	特別修繕引当金	大型船舶や溶鉱炉等の数年に一度定期的に大規模修繕を行う場合に，当期の使用に起因して将来の支払い時に発生すると見込まれる額を見積計上するための引当金。
	債務保証損失引当金	債権者との間の債務保証契約に基づいて債務の保証を行っており，債務者に代わって当該債務を返済しなければならない危険性が高い場合に当該債務額を見積計上するための引当金。

引当金は，操業停止や対象設備の廃棄をした場合には不要となることから負債には該当しないことになる（「引当金に関する論点整理」37項）。これらの引当金は，日本においては計上が認められているが，国際財務報告基準（IFRS）では負債の定義に該当しない項目は引当金として計上されない。

(2) 負債性引当金の会計処理

ここでは，図表10−4において例示された製品保証引当金，賞与引当金，退職給付引当金の会計処理を例示する。

① 製品保証引当金

設例10−4　製品保証引当金の見積り

当期中に，製品の不具合による故障の際に無償で修理する特約付きで製品8,000万円（売上高8,000万円）を売り上げた。決算にあたり，過去の実績に基づいて0.4％の製品保証引当金を設定した。当期末における製品保証引当金の見積高を計算しなさい。

解答・解説

8,000万円×0.4％＝32万円

当期末における製品保証引当金の見積高は32万円

＊参考：仕訳は以下のように示される。

（借）　製品保証引当金繰入　　320,000　　　　　（貸）　製品保証引当金　　320,000

② 賞与引当金

設例10−5　賞与引当金の見積り

当社は，7月10日と1月10日に賞与を支給している。X5年1月1日からX5月年6月30日までの賞与200万円は，X5年7月10日に支給される。決算日はX5年3月31日である。当期末における賞与引当金の見積高を計算しなさい。

解答・解説

2,000,000円×3か月（1/1〜3/31）÷6か月（1/1〜6/30）＝1,000,000円

第10章　引当金　111

当期末における賞与引当金の見積高は100万円

＊参考：仕訳は以下のように示される。

（借）　賞与引当金繰入　　　1,000,000　　　　（貸）　賞 与 引 当 金　　　1,000,000

③　退職給付引当金

設例10－6　個別貸借対照表における退職給付債務の計算

　K氏は45歳で入社し，現在57歳である。退職予定は60歳（15年間勤務）であり，退職一時金6,000,000円を受け取ることになっている。退職給付見込額は，全期間で均等に生じるものとする。割引率は3％である。当期末におけるK氏の退職給付債務を計算しなさい。円未満が生じた場合は，計算の最後に四捨五入する。

解答・解説

　K氏に係る当期末における退職給付債務を計算する。

　K氏の退職給付見込額は6,000,000円×12年÷15年＝4,800,000円

　退職一時金の支払いは3年後であるから，4,800,000円を割引計算する。

　　　$4,800,000円÷(1+0.03)^3 ≒ 4,392,679.9 \cdots ≒ 4,392,680円$

　K氏に係る当期末の退職給付債務は4,392,680円と計算される。

④　個別貸借対照表における退職給付引当金の算定

　期末においては，年金資産および未認識の差異を反映して退職給付引当金を見積もる。退職給付の支給対象となる従業員の退職給付債務の合計額から，退職給付の支払いのために外部に積み立てられた年金資産の額を控除して，さらに未認識項目を加減することにより，当期末における退職給付引当金を計算する。

　未認識項目には，退職給付水準の改訂等に起因して発生した退職給付債務の増加または減少部分のうち，費用処理されていないもの（未認識過去勤務費用），および年金資産の期待運用収益と実際の運用成果の差異のうち，費用処理されていないもの（未認識数理計算上の差異）がある。

$$退職給付引当金 = 退職給付債務 - 年金資産 \pm \frac{未認識過去}{勤務費用} \pm \frac{未認識数理計}{算上の差異}$$

　また，一会計期間の退職給付引当金の増加額は，退職給付費用の発生額と一致する。したがって，退職給付費用は，退職給付引当金が増加した分として当該期間の損益計算書に表示される。

（借）　退職給付費用　　　　××× （損益計算書に表示）	（貸）　退職給付引当金　　　　××× （貸借対照表に表示）

　なお，連結貸借対照表においては，「退職給付に係る負債」という項目が用いられる。「退職給付に係る負債」には，未認識過去勤務費用および未認識数理計算上の差異が含まれている。したがって，「退職給付に係る負債」は退職給付債務の額に対する年金資産の積立不足額を明らかにすることができる。連結貸借対照表におけるこの扱いは，国際的な会計基準とのコンバージェンスを図ることを目的としたものであるが，当面の間，個別貸借対照表においては当該の会計処理は行わないこととされている。

退職給付に係る負債 = 退職給付債務 - 年金資産
＊「退職給付に係る負債」には，未認識過去勤務費用および未認識数理計算上の差異が含まれる。

第11章

社 債

企業の資金調達と社債

　企業が資金を調達する方法には，間接金融と直接金融の2種類ある。**間接金融**とは，銀行などの金融機関からの借入れによって資金を調達する方法のことをいう。**直接金融**とは，企業が株式や社債を発行することによって，多くの資金提供者から資金を調達する方法のことをいう。

　直接金融のうち，株式の発行によって調達した資金は返済する必要がなく，株式に対する払込金額は純資産の部に計上する（詳細は第12章で説明する）。他方，社債の発行（起債）によって調達した資金は，将来の決められた期日（満期日）に返済（償還）する必要がある。そのため社債に対する払込金額は負債の部に計上するが，社債は長期的な資金を調達するための手段として利用されるため，通常は固定負債の区分に表示する。ただし，満期日が決算日の翌日から起算して1年未満となった社債は，1年内償還社債として流動負債の区分に表示する。

　また，株式を発行した企業は，株式を保有する者（株主）に対して，配当という形で剰余金の分配を行う。一方，起債した企業は，利益の有無にかかわらず，社債を保有する者（社債権者）に対して，一定期日（利払日）に一定利率の利息を支払う。**図表11－1**は，社債と株式による資金調達の違いを整理したものである。

図表11-1 社債発行と株式発行による資金調達の違い

	資金返済の義務	貸借対照表上の表示	資金提供者への報酬	株主総会への出席
社債発行	あり	負債（社債）	利息	不可
株式発行	なし	純資産（資本金）	配当	可

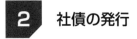

2 社債の発行

(1) 募集社債の決定事項

　企業は起債に際して，募集社債の総額，各募集社債の金額，利率，償還の方法および期限，利息支払いの方法および期限などを決定し，社債を引き受ける者の募集を行う（会社法676条）。また，社債券を発行して有価証券化するときには，その旨を募集社債の決定事項に加え（会社法676条6号），発行会社の商号，社債の金額，社債の種類などを記載した社債券を発行する（会社法696条，697条1号）。なお，社債券には利札（利払日における利息の引換券，クーポンともいう）を付することができる（会社法697条2号）。

　社債には，一定の条件で株式を購入する権利が付された社債（新株予約権付社債）や一定の条件で株式に転換する権利が付された社債（転換社債型新株予約権付社債）などがある。こうした権利が付されていない社債は普通社債といい，本章では普通社債について説明する。

(2) 発行価額と発行形態

　社債は必ずしも額面金額（社債券を発行した場合の券面上の金額）で発行されるわけではない。社債の発行価額は，主に社債の募集で約束した約定利率（クーポン利子率ともいう）と市場金利との関係で決められている。たとえば，市場金利よりも約定利率の方が低いときは，発行価額を額面金額よりも低くすることによって，社債を購入してもらいやすくする。反対に，市場金利よりも約定利率の方が高いときは，発行価額を額面金額よりも高くすることもありう

第11章 社債 115

る。

　日本では，社債の発行価額は額面金額100円当たりの金額で表示する。このとき，額面金額100円に対して発行価額を100円（同額）とする発行形態を**平価発行**，100円未満（額面金額よりも低い価額）とする発行形態を**割引発行**，100円超（額面金額よりも高い価額）とする発行形態を**打歩発行**という。なお，社債を割引発行または打歩発行したとしても，債務額はあくまでも額面金額であることから満期日には額面金額で償還する。

Column 　**社債の額面金額**

　社債の額面金額とは，社債券を発行した場合に券面上に記される金額のことをいう。額面金額は，社債権者に対する債務額（満期日に返済する金額）を示すとともに，社債を取引する際の最低申込単位を表す。日本では額面金額100円を1口として発行価額を表示するため，券面に10,000円と記された社債であれば100口（10,000円/100円）を最低申込単位として取引することを意味する。

設例11－1 　**社債の発行**

　当社はX1年4月1日に額面金額1,000,000円の普通社債（償還期限3年，利率年4％，利払日3月末の年1回）を発行した。このとき額面金額100円当たり①100円で発行した場合，②96.21円で発行した場合，③100.15円で発行した場合の資金調達額を答えなさい。

解答・解説

①　資金調達額：1,000,000円×100/100円＝1,000,000円（平価発行では資金調達額と社債の額面金額は同額である）

②　資金調達額：1,000,000円×96.21/100円＝962,100円（割引発行では資金調達額は社債の額面金額よりも低くなる）

③　資金調達額：1,000,000円×100.15/100円＝1,001,500円（打歩発行では資金調達額は社債の額面金額よりも高くなる）

3 約定利率に基づく社債利息（クーポン利息）

　起債した企業は，社債権者に対して約定利率に基づく利息（クーポン利息ともいう）を利払日に支払う。この支払利息を社債利息といい，発生した期間の営業外費用に計上する。社債利息は，額面金額に約定利率を乗じて計算する。ただし，起債日から利払日までの期間が1年未満の場合や利払日が年2回の場合は月割計算する。

設例11－2　社債利息（クーポン利息）の計算

　額面金額1,000,000円の普通社債（償還期限3年，利率年4％，利払3月末の年1回）の利払日となった。起債日が①X1年4月1日の場合と，②X1年10月1日の場合について，社債利息（クーポン利息）の金額を答えなさい。

解答・解説

① 　1,000,000円（額面金額）×4％（約定利率）＝40,000円
② 　1,000,000円×4％×6か月/12か月＝20,000円
　　（起債日から利払日までが6か月なので月割計算する）

4 社債の貸借対照表価額

　企業会計基準第10号「金融商品に関する会計基準」（以下「金融商品会計基準」という）によれば，社債の貸借対照表価額は，借入金などの金銭債務と同様に債務額とされている（同基準26項）。ただし，金利調整を目的として額面金額よりも低い価額（割引発行）または高い価額（打歩発行）で発行した場合には，償却原価法により算定された価額を貸借対照表価額としなければならない（同基準26項）。

　償却原価法とは，金融資産または金融負債を債権額または債務額とは異なる金額で計上した場合に，その差額（金利調整差額）に相当する金額を償還期に至るまで毎期一定の方法で取得価額に加減算する方法のことをいう（同基準26

第11章　社　債　117

項（注5））。また，その加減算額は，受取利息または支払利息に含めて処理するものとされている（同基準26項（注5））。

図表11－2 ┃ 償却原価法（償還期限3年）による貸借対照表価額の算定

金利調整差額			加算額		額面金額
		加算額		帳簿価額 （期首残高）	
	加算額	帳簿価額 （期首残高）			
発行価額	帳簿価額 （発行価額）				

割引発行　　　　1年後のB/S価額　2年後のB/S価額　3年後のB/S価額
（起債）　　　　　　　　　　　　　　　　　　　　（償還）

　図表11－2に示すように，社債を額面金額と異なる価額で発行した場合の貸借対照表価額は，発行価額をもとに，帳簿価額と額面金額とが満期日に一致するよう，金利調整差額を毎期一定の方法で帳簿価額に加減算した金額になる。また，その加減算額は社債利息として営業外費用に計上する。

　なお，償却原価法には利息法と定額法があり，利息法が原則とされる。**利息法**とは，利払日に実効利子率と約定利率を用いて加減算額を計算する方法のことをいう。一方，**定額法**とは，決算日に社債の発行日から満期日までの期間をもとに計算する方法のことをいう。2つの方法について，金利調整差額の加減算額を計算する計算式を示すと次のようになる。

> 利息法：帳簿価額×実効利子率－額面金額×約定利率
> 定額法：金利調整差額×当期の経過月数／起債日から満期日までの月数

設例11－3　償却原価法

　当社はX1年4月1日に額面金額1,000,000円の普通社債（償還期限3年，利率年4％，利払日3月末の年1回）を額面金額100円当たり96.21円で割引発行した。①X2年3月31日と②X3年3月31日における社債の貸借対照表価額を償

却原価法（a 利息法とb 定額法）により算定しなさい。なお，実効利子率は年5.4％とし，小数点以下を四捨五入すること。また，決算日は3月31日の年1回である。

> 解答・解説

額面金額1,000,000円の普通社債の発行価額は次のようになる。

1,000,000円×96.21/100円＝962,100円（設例11－1の計算を参照）

金利調整差額（1,000,000円－962,100円＝37,900円）の配分額を利息法と定額法で計算し，発行価額に加算した金額が貸借対照表価額である。

① X2年3月31日の貸借対照表価額
a 利息法（加算額）：962,100円×5.4％－1,000,000円×4％＝11,953円
貸借対照表価額：962,100円＋11,953円＝974,053円
b 定額法（加算額）：(1,000,000円－962,100円)×12/36か月＝12,633円
貸借対照表価額：962,100円＋12,633円＝974,733円

② X3年3月31日の貸借対照表価額
a 利息法（加算額）：974,053円×5.4％－1,000,000円×4％＝12,599円
貸借対照表価額：974,053円＋12,599円＝986,652円
b 定額法（加算額）：(1,000,000円－962,100円)×12/36か月＝12,633円
貸借対照表価額：974,733円＋12,633円＝987,366円

参考までに，満期日となるX4年3月31日までの各金額を示すと次のようになる。

年月日	利息法 加算額	利息法 B/S価額	定額法 加算額	定額法 B/S価額
X2年3月31日	11,953	974,053	12,633	974,733
X3年3月31日	12,599	986,652	12,633	987,366
X4年3月31日	13,348※	1,000,000	12,634※	1,000,000

※最終利払日の加算額は端数処理の影響を受けて一致しないため調整した金額になる。

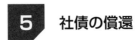

5 社債の償還

社債は借入金と同様に返済する必要がある。社債を社債権者に返済すること

第11章　社　債　119

を社債の償還といい，満期償還や買入償還などの償還方法がある。

　満期償還とは，社債の満期日に額面金額にて一括して償還する方法のことをいう。**買入償還**とは，資金に余裕ができたことなどにより，満期日を待たずに債券市場で流通している自社の社債を市場価格で買い戻す方法のことをいう。買入償還した場合は，通常，社債の帳簿価額と市場価格が一致しないため，社債償還益（帳簿価額＞買入価額の差額）または社債償還損（帳簿価額＜買入価額の差額）が発生する。社債償還損益は臨時的な社債の償還で発生した損益として特別損益に計上する。ただし，金額が僅少な場合などは営業外損益に計上することができる。

設例11−4　社債の買入償還

　当社がX1年4月1日に額面金額100円当たり98.77円で割引発行した額面金額1,000,000円の普通社債（償還期限3年，利率年4％，利払日3月末の年1回）をX3年3月31日に額面金額100円当たり99.46円ですべて買入償還した。償却原価法は定額法を採用しているものとして，次の金額を計算しなさい。なお，決算日は3月31日の年1回である。①額面金額1,000,000円の発行価額，②X3年3月31日までの金利調整差額の配分額，③X3年3月31日の帳簿価額，④額面金額1,000,000円の買入価額，⑤社債償還益または社債償還損の金額。

解答・解説

①　額面金額1,000,000円の発行価額は次のようになる。
　　1,000,000円×98.77/100円＝987,700円
②　X3年3月31日までの金利調整差額の配分額を定額法で計算すると次のようになる。
　　（1,000,000円−987,700円）×24/36か月＝8,200円
③　X3年3月31日の帳簿価額は次のようになる。
　　987,700円＋8,200円＝995,900円
④　額面金額1,000,000円の買入価額は次のようになる。
　　1,000,000円×99.46/100円＝994,600円
⑤　社債償還益または社債償還損の金額は次のようになる。
　　995,900円（帳簿価額）−994,600円（買入価額）＝1,300（償還益）

6 社債発行費

　起債に際しては，社債募集のための広告費，金融機関や証券会社の取扱手数料，目論見書・社債券等の印刷費などの支出を伴う。こうした社債発行に直接要した支出を**社債発行費**という。社債発行費は，原則として営業外費用に計上する。ただし，繰延資産として処理することも認められている（「実務対応報告第19号」3(2)）。

　繰延資産とは，将来の期間に影響する特定の費用で，次期以降の期間に合理的に配分するため，経過的に資産計上が認められるものをいう（「企業会計原則注解」(注15)）。実務対応報告第19号「繰延資産の会計処理に関する当面の取扱い」は，こうした「企業会計原則」の考え方を踏襲して，社債発行費を繰延資産に計上することを認めた。

　社債発行費を繰延資産に計上した場合には，社債の償還期限内に毎期一定の方法で償却し，その償却額を社債発行費償却として営業外費用に計上する。また，償却の方法には利息法と定額法があり，利息法を原則とする。定額法については継続的な適用を条件に採用が認められる。

設例11－5　繰延資産に計上した社債発行費

　当社が償還期限3年の普通社債をX1年4月1日に起債した際，社債募集のための広告費，証券会社の取扱手数料，目論見書の印刷費として246,000円を支出し，これを繰延資産に計上することにした。定額法により社債発行費を償還期間で月割均等償却するとき，①決算日（X2年3月31日）における償却額と②繰延資産の計上額を答えなさい。

解答・解説

① 　償却額（社債発行費償却）
　　246,000円×12/36か月＝82,000円
② 　繰延資産計上額（社債発行費）
　　246,000円－82,000円＝164,000円

第12章

純資産の構成と剰余金の配当

1　純資産の構成

　本章では貸借対照表の純資産の部を取り上げて解説する。純資産の部の表示については，企業会計基準第5号「貸借対照表の純資産の部の表示に関する会計基準」において定められている。**図表12-1**は，企業会計基準適用指針第8号「貸借対照表の純資産の部の表示に関する会計基準等の適用指針」に基づく純資産の部の表示例である（同適用指針3項）。

　図表12-2は，個別貸借対照表の純資産の主な表示項目を示している。当期純利益は純資産の部に直接表示されず，繰越利益剰余金に含められている。損益計算書において，資産や負債の変動から導かれた収益と費用の差額として当期純利益が算定され，株主資本等変動計算書の繰越利益剰余金に反映される。そして，当期純利益は貸借対照表の純資産の部の繰越利益剰余金に引き継がれることとなる。連結株主資本等変動計算書は，第13章において説明する。また，個別株主資本等変動計算書については，第3章において説明されている。

⑴　株主資本に含まれる項目

　株主資本は，株主から調達した資金とその増殖分を示しており，資本金，資本剰余金および利益剰余金から構成される純資産の部の中心となる区分である。

　資本金は，会社設立時または増資時に株主から調達した資金である。**資本剰**

図表12－1 個別貸借対照表および連結貸借対照表の純資産の部の表示例

（個別貸借対照表）	（連結貸借対照表）
純資産の部	**純資産の部**
Ⅰ　株主資本	**Ⅰ　株主資本**
1　資本金	1　資本金
2　新株式申込証拠金	2　新株式申込証拠金
3　資本剰余金	3　資本剰余金
(1)　資本準備金	
(2)　その他資本剰余金	
資本剰余金合計	
4　利益剰余金	4　利益剰余金
(1)　利益準備金	
(2)　その他利益剰余金	
××積立金	
繰越利益剰余金	
利益剰余金合計	
5　自己株式	5　自己株式
6　自己株式申込証拠金	6　自己株式申込証拠金
株主資本合計	株主資本合計
Ⅱ　評価・換算差額等	**Ⅱ　その他の包括利益累計額**
1　その他有価証券評価差額金	1　その他有価証券評価差額金
2　繰延ヘッジ損益	2　繰延ヘッジ損益
3　土地再評価差額金	3　土地再評価差額金
	4　為替換算調整勘定
	5　退職給付に係る調整累計額
評価・換算差額等合計	その他の包括利益累計額合計
Ⅲ　株式引受権	**Ⅲ　株式引受権**
Ⅳ　新株予約権	**Ⅳ　新株予約権**
	Ⅴ　非支配株主持分
純資産合計	純資産合計

（出所）　企業会計基準適用指針第8号「貸借対照表の純資産の部の表示に関する会計基準等の適用指針」3項の表示例。

余金は，株主資本のうち資本金に組み入れられなかった部分であり，資本準備金とその他資本剰余金から成る。**資本準備金**には，株主払込剰余金等が含まれる。**その他資本剰余金**には，減資差益や自己株式処分差益等が含まれる。減資差益は，事業規模の縮小のために株式の買入消却を行ったり，累積赤字を解消

第12章　純資産の構成と剰余金の配当　123

図表12－2 ▌個別貸借対照表の純資産の部の主な表示項目

表示区分	主な表示項目
Ⅰ　株主資本	
資本金	
資本剰余金	資本準備金 　株主払込剰余金 その他資本剰余金 　減資差益 　自己株式処分差益
利益剰余金	利益準備金 その他利益剰余金 　任意積立金 　繰越利益剰余金
自己株式	
Ⅱ　評価・換算差額等 　その他有価証券評価差額金 　繰延ヘッジ損益 　土地再評価差額金	
Ⅲ　株式引受権	
Ⅳ　新株予約権	

するために資本金を減少させたりした場合に，減少させた資本金の額と株式の買入のために支払った金額の差額や，累積赤字と減少させた資本金の差額である（設例12－3，設例12－4を参照）。

　利益剰余金は，会社が過去の営業活動から得た純利益のうち，配当されなかった部分の社内留保額の累積額であり，利益準備金とその他利益剰余金から成る。**利益準備金**は，現金配当の際に会社法の規定により資本準備金と合計して資本金の4分の1に達するまで積み立てが要請されている（会社計算規則22条）。**その他利益剰余金**には任意積立金と繰越利益剰余金が含まれる。

(2)　株主資本以外の項目

　株主資本以外の区分としては，評価・換算差額等，株式引受権および新株予約権が表示される。**評価・換算差額等**は，資産または負債に係る評価差額を当期の損益として処理していない場合の評価差額であり，その他有価証券評価差額金，繰延ヘッジ損益，土地再評価差額金が含まれる。株式引受権は，取締役の報酬等として自社の株式を無償交付する取引のうち，事後交付型のタイプに

適用され,株式を引き受ける権利の公正な評価額により純資産の部に計上される項目である。株式引受権は,株式が交付された時点で資本金や資本準備金に振り替えられる。また,新株予約権は,株式会社に対して行使することにより,その株式会社の株式の交付を受けることができる権利を表す項目である。公正な評価額により純資産の部に計上される。権利行使により新株を発行する場合と,自己株式を処分する場合がある。資金調達や役員および従業員の報酬制度として用いられる。

評価・換算差額等に含まれるその他有価証券評価差額金については,第9章の有価証券において説明されている。繰延ヘッジ損益および土地再評価差額金については,本章末の〔コラム〕で扱っている。なお,評価・換算差額等に表示される項目には,税効果会計が適用される。税効果会計の適用により,評価・換算差額等に表示される項目は,これらに係る繰延税金資産または繰延税金負債の額を控除して計上されることとなる（企業会計基準第5号「貸借対照表の純資産の部の表示に関する会計基準」8項）。

2　資本金と剰余金

(1)　会社の設立時

株式会社は,発起人による定款の作成,発行可能株式総数の4分の1以上の株式発行による資本の払込み,創立総会の開催,設立登記を経て設立される。定款には,事業の目的,会社の名称,本店所在地,発起人の氏名および住所,発行可能株式総数等をはじめ諸々の事項が記載される。資金を追加調達する必要が生じた場合は,発行可能株式総数の範囲内であれば取締役会の決議を経て新株を発行することができる（会社法200条1項）。これを授権資本制度という。また,株式会社は,株主総会の決議を経て,発行可能株式総数をその時点における発行済株式数の4倍まで増やすことができる。

株式会社の資本金の額は,株主が払い込んだ金額とするが（会社法445条1項），払込額の2分の1を超えない額は,資本金として計上しないことができる（445条2項）。資本金として計上しないこととした額は,資本準備金として計上し

第12章　純資産の構成と剰余金の配当　125

なければならない（445条3項）。したがって，原則として株主の払込金額の全額を資本金とするが，会社法の規定による資本金組入れの最低額は，払込金額の2分の1の額となる。

　また，会社の設立までに要した支出は**創立費**とよばれる。具体的には，定款作成のための費用，株式募集その他のための広告費，創立事務所の賃借料，設立事務に使用する使用人の給料，金融機関・証券会社の取扱手数料，発起人の報酬，設立登記の登録免許税等である（実務対応報告第19号「繰延資産の会計処理に関する当面の取扱い」3(3)）。会社の設立後，営業開始までに要した開業準備のための支出は**開業費**とよばれる。具体的には，土地・建物等の賃借料，広告宣伝費，通信交通費，事務用消耗品費，支払利子，使用人の給料，保険料，電気・ガス・水道料等である（同報告3(4)）。

　創立費および開業費は，原則として支出時に費用処理されるが，これらの費用の効果は将来の期間に及ぶものと考えられることから，繰延資産として計上することができる。繰延資産として計上した場合には，創立費は会社の成立から5年以内のその効果が及ぶ期間にわたって定額法により償却しなければならない（同報告3(3)）。また，開業費は開業のときから5年以内のその効果が及ぶ期間にわたって定額法により償却しなければならない（同報告3(4)）。

設例12－1　会社設立時の株式発行

　会社の設立にあたり，発行可能株式総数10,000株のうち3,000株を1株当たり2,000円で募集した。3,000株すべての引受けを得て，払込金額を当座預金とし，会社法の規定の最低額を資本金に組み入れた。資本金の組入額はいくらか。また，この株式発行に要した支出額の処理について説明しなさい。

解答・解説

　株主からの払込金額は6,000,000円である。会社法の規定の最低額を資本金に組入れた場合，資本金の組入額は6,000,000円のうち3,000,000円となる。残りの3,000,000円は，資本準備金となる。また，会社設立時の株式発行に係る費用は創立費に含められ，原則として支出時に費用処理されるが，繰延資産として計上することができる。

　　2,000円×3,000株×1/2＝3,000,000円

　仕訳を示せば，以下のとおりとなる。

| (借) 当 座 預 金 | 6,000,000 | (貸) 資　　本　　金 | 3,000,000 |
| | | 資 本 準 備 金 | 3,000,000 |

(2)　増資および減資

　増資は，資本金の額を増加させる取引である。増資には，株主資本の増加が
生じる実質的な増資と，株主資本は増加せずに株主資本の構成項目間の振替に
よる形式的な増資がある。前者のケースとしては，通常の新株発行，新株予約
権・株式引受権の権利行使，株式交付による吸収合併，株式交換による子会社
化等による資本金の増加があげられる。後者のケースとしては，資本剰余金や
利益剰余金の資本金への組入れ等による資本金の増加があげられる。この場合
の資本金の増加は，株主資本の構成項目間の金額移動によるもののため，株主
資本の増加は生じない。

　会社設立時の株式発行に係る費用は創立費に含められるが，新株発行に係る
費用は**株式交付費**とされ原則として支出時に費用処理する。ただし，企業規模
の拡大のためにする資金調達などの財務活動（組織再編の対価として株式を交付
する場合を含む）に係る株式交付費については，繰延資産に計上することがで
きる（実務対応報告第19号「繰延資産の会計処理に関する当面の取扱い」3(1)）。こ
の場合には，株式交付のときから３年以内のその効果の及ぶ期間にわたって，
定額法により償却をしなければならない（同報告3(1)）。

設例12－2　新株発行による増資

　増資にあたり，1,000株を１株当たり3,000円で募集した。1,000株すべての引
受けを得て，払込金額を当座預金とし，会社法の規定の最低額を資本金に組入
れた。資本金の組入額はいくらか。また，この株式発行に要した支出額の処理
について説明しなさい。

解答・解説

　株主からの払込金額は3,000,000円である。会社法の規定の最低額を資本金に組入れ
た場合，資本金の組入額は1,500,000円となる。また，新株発行に係る支出額は，株式

第12章　純資産の構成と剰余金の配当　　127

交付費の項目で原則として支出時に費用処理されるが，繰延資産として計上することもできる。

　　3,000円×1,000株×1/2＝1,500,000円

　仕訳を示せば，以下のとおりとなる。

（借）当 座 預 金　3,000,000　　　（貸）資　　本　　金　1,500,000
　　　　　　　　　　　　　　　　　　　　　資 本 準 備 金　1,500,000

　減資は，資本金の額を減少させる取引である。減資は株主総会の決議により行うことができる（会社法447条1項）が，会社の債権者は資本金等の額の減少について異議を述べることができる（会社法449条1項）。会社は，減資にあたって官報に公告する等の債権者保護の手続が求められる（会社法449条2項）。

　減資には，株主資本の減少が生じる実質的な減資と，株主資本は減少せずに株主資本の構成項目間の相殺による形式的な減資がある。前者のケースとしては，事業規模の縮小による資本金の減少があげられる。後者のケースとしては，累積赤字の解消に伴う繰越損失との相殺による資本金の減少があげられる。

設例12−3　株式の買入消却による減資

　事業規模の縮小のため，すでに発行した株式1,000株について1株当たり4,500円で買入消却し，資本金を5,000,000円減少させた。株式の買入代金は，当座預金から支払った。この減資から生じる減資差益について説明しなさい。

解答・解説

　株式1,000株の買入消却のために支払った金額は，4,500,000円である。減少させた資本金5,000,000円との差額である500,000円は減資差益であり，資本金減少差益として処理される。

　仕訳を示せば，以下のとおりとなる。

（借）資　　本　　金　5,000,000　　　（貸）当 座 預 金　4,500,000
　　　　　　　　　　　　　　　　　　　　　資本金減少差益　　500,000

設例12−4　損失を解消するための減資

累積赤字8,000,000円を解消するために，資本金10,000,000円を減少させた。

128

この減資から生じる減資差益について説明しなさい。

解答・解説

　累積赤字は，繰越利益剰余金の借方残高（マイナス）として示されている。この金額8,000,000円と資本金10,000,000円を相殺して累積赤字を解消する。差額となる2,000,000円は減資差益であり，資本金減少差益として処理される。

　仕訳を示せば，以下のとおりとなる。

（借）資　本　金　　10,000,000　　（貸）繰越利益剰余金　　8,000,000
　　　　　　　　　　　　　　　　　　　　資本金減少差益　　2,000,000

(3)　自己株式

　会社がすでに発行した自社の株式を取得して保有している場合，この株式を**自己株式**という。日本においては，自己株式の取得は長らく禁止されてきたが，国際的動向および経済界の要請や，1990年代の初めに起こったバブル経済の崩壊による経済環境の変化への対応等により，自己株式の取得に係る規制が徐々に緩和された。その後，2001年（平成13年）の商法改正によって，会社は目的を定めずに自己株式の取得が可能となり，一定の制限はあるものの，原則として自由に自己株式を取得し，保有できるようになった。

　自己株式の性質については，資産説と資本控除説があるが，現行制度においては資本控除説に依拠しており，貸借対照表の株主資本の控除項目として表示されている。

設例12－5　自己株式の取得と処分

① 　自己株式500,000円を買入れ，買入手数料2,000円とともに現金で支払った。
　この自己株式の取得に係る付随費用の処理について説明しなさい。

解答・解説

　自己株式の取得は，株主に対する金銭の払戻しという性格をもつことから，取得に係る付随費用は取得原価には含めない。自己株式の買入手数料は，「支払手数料」等の科目を用いて営業外費用として処理する。

第12章　純資産の構成と剰余金の配当　129

仕訳を示せば，以下のとおりとなる。

（借）自 己 株 式　500,000　　　（貸）現　　　　　金　502,000
　　　支 払 手 数 料　2,000

② 　①の自己株式を700,000円で売却し，売却代金を現金で受け取った。この
　　自己株式の売却に係る処分差益の処理について説明しなさい。なお，この自
　　己株式の売却は，新株発行に準じた手続によっている。

解答・解説

　自己株式の取得原価と売却価額との差額は，自己株式処分差益として「その他資
本剰余金」の区分に計上する。この設例では自己株式処分差益が200,000円生じている。
仕訳を示せば，以下のとおりとなる。なお，自己株式を期末において保有している
場合，決算時の評価は取得原価で行う。

（借）現　　　　　金　700,000　　　（貸）自 己 株 式　500,000
　　　　　　　　　　　　　　　　　　　自己株式処分差益　200,000

| Column |　自社株買いの目的と効果

　自己株式の取得の目的は，株主還元，資本効率の向上，役員・従業員報酬，組
織再編における活用，株価の下支え等，さまざまであるが，中でも株主還元，資
本効率の向上が中心となっている。また，自社株買いを発表すると，株主からの
好感が高まり株価が上昇する傾向にある。
　自己株式の取得が財務諸表に及ぼす影響は，自己資本利益率（ROE），総資産
利益率（ROA），および1株当たり純利益（EPS）等の改善が期待できることで
ある。これは，自己株式の取得により純資産が減少し，結果としてROEが向上し，
EPSも期中平均株式数の減少により大きくなるためである。
　株主に対する還元策としての自己株式の取得は，1株当たり純利益（EPS）
の増加により株価が上昇し株主価値が向上することから，株主との信頼関係を構
築し，企業の透明性を高めることにつながる。また，持ち合い株の解消等による
株価の下落を回避し，資本構造の最適化にもつながることから，企業のガバナン
スを向上させる効果もあるとされる。さらに，役員や従業員への自己株式の報酬
は，企業の業績向上に直接的な利益を持つことになり，経営参画意識を高め，長

期的な視点で企業の成長を促進することが期待される。これらの効果を踏まえつつ，企業は戦略的に自己株式の取得を検討しているといえる。

3 剰余金の配当

(1) 配当の財源

　資本金および資本剰余金は，株主からの払込資本であるのに対して，利益剰余金は会社が過去に獲得した利益のうち株主に分配されずに社内に蓄積されている留保利益である。会社法では，資本剰余金に含まれる「その他資本剰余金」と利益剰余金に含まれる「その他利益剰余金」は，あわせて**剰余金**として扱われ，株式会社は，株主に対し剰余金の配当をすることができるとされている（会社法453条）。剰余金は，配当以外にも，資本金への組入れ（会社法450条），資本準備金または利益準備金への組入れ（会社法451条），任意積立金や損失の処理に用いられる（会社法452条）。**図表12－3**は，株主資本の内訳を示している。

　資本準備金に加えて利益準備金が配当財源から除かれているのは，会社の財政的基盤を確保するとともに，債権者の保護に資するためである。

図表12－3 ｜ 株主資本の内訳

株主資本	資本金		払込資本
	資本剰余金	資本準備金	
		その他資本剰余金 （配当財源となる）	
	利益剰余金	利益準備金	留保利益
		その他利益剰余金 （配当財源となる）	

第12章　純資産の構成と剰余金の配当　　131

｜Column｜　配当財源と「資本と利益の区分」

　第2章で説明したとおり，「企業会計原則」と会社法では，配当財源に関する考え方が一致していない。「その他資本剰余金」は，「企業会計原則」の考え方に基づけば払込資本として社内に維持拘束されると位置づけられるのに対して，会社法では配当財源として容認されている。

　「企業会計原則」は，一般原則の三「資本と利益の区分の原則」において，出資者からの拠出資本と，資本の増殖分である利益を峻別することを要請している。資本は企業活動のために維持拘束すべき元手とされることから，配当財源となるのは処分可能な性質をもつ留保利益となる。

　これに対して，会社法では「その他利益剰余金」に加えて，資本剰余金を構成する「その他資本剰余金」も配当財源とされている。資本剰余金は，株主資本のうち資本金に組み入れられなかった部分であるから，「その他利益剰余金」とは性質を異にする。なお，会社法では「資本準備金」と合わせて「利益準備金」も配当財源から除かれている。

---

(2)　配当に伴う手続

　会社が剰余金の配当行う場合は，株主総会の普通決議を経て配当財産の種類やその額などを決定する必要があるが，一定の条件を満たした株式会社は，株主総会の決議によることなく取締役会の決議によって，剰余金の配当を行うことができる（会社法454条，459条）。具体的には，次の条件をすべて満たす株式会社が該当する（会社法459条）。

- ・会計監査人設置会社であること
- ・取締役（監査等委員会設置会社の場合は監査等委員である取締役以外の取締役）の任期が1年を超えないこと
- ・監査等委員会設置会社または指名委員会等設置会社であること
- ・定款に「剰余金の配当につき取締役会で定めることができる」旨の記載があること

　会社は，分配可能額の範囲内で行うのであれば，一事業年度中に，株主総会の決議を経ることによって，いつでも回数の制限なく剰余金の配当を行うことができる（会社法453条，454条1項，461条）。また，取締役会設置会社は，一事業

年度の途中において1回に限り取締役会の決議によって剰余金の配当をすることができる旨を定款で定めることができる。この配当のことを**中間配当**という。なお，中間配当については，配当財産が金銭であるものに限定されている（会社法454条5項）。

┃Column┃ 株主資本等変動計算書における期末の配当の記載

　会社が事業年度内に実施した配当の財源については，株主資本等変動計算書から知ることができる。ただし，株主資本等変動計算書は当期中の純資産の増減に関する明細書であるため，中間配当のような当期中に実施された配当については記載されるが，当期の確定決算に係る剰余金の配当については直接記載されない。

　基準日（配当を受け取る資格がある株主を決定するための日付）が当期に属する配当のうち，配当の効力発生日（株主が配当を受け取る権利を得る日）が翌期となるものについては，株式の種類ごとの配当金の総額，1株当たり配当額，基準日および効力発生日を株主資本等変動計算書の注記事項として記載することとされている（企業会計基準適用指針第9号「株主資本等変動計算書に関する会計基準の適用指針」13項(4)）。

---

(3)　配当に係る準備金の積立て

　株主への配当により，会社資産が社外に流出することとなる。配当を行うにあたっては，社外流出額の10分の1を利益準備金または資本準備金に積み立てなければならない（会社法445条4項）。「その他利益剰余金」から配当を行った場合には当該金額を利益準備金に積み立て，「その他資本剰余金」から配当を行った場合には資本準備金に積み立てる。資本準備金と利益準備金の合計額が資本金の4分の1に達すれば，配当に伴う積立ては必要ない（会社計算規則22条）。

┃設例12-6┃ 剰余金の配当－準備金の積立てが必要なケース

　その他利益剰余金から2,000千円の配当を実施することが決議された。この会社の資本金は6,000千円，資本準備金は700千円，利益準備金は500千円である。積み立てなければならない利益準備金の額を求めなさい。

第12章　純資産の構成と剰余金の配当　133

解答・解説

積み立てなければならない利益準備金の額は，200千円となる。

資本金の額6,000千円×4分の1＝1,500千円，資本準備金700千円＋利益準備金500千円＝1,200千円

資本金の4分の1の額である1,500千円＞資本準備金と利益準備金の合計額である1,200千円

よって，あと300千円の積立てが不足している。

この問題ではその他利益剰余金から2,000千円の配当を実施しているので，当該金額の10分の1である200千円を利益準備金に積み立てることとなる。

設例12−7　剰余金の配当−準備金の積立てが不要なケース

その他利益剰余金から2,000千円の配当を実施する決議がなされた。この会社の資本金は6,000千円，資本準備金は1,000千円，利益準備金は1,000千円である。積み立てなければならない利益準備金の金額を求めなさい。

解答・解説

積立ての必要はなく，ゼロである。

資本金の額6,000千円×4分の1＝1,500千円，資本準備金1,000千円＋利益準備金1,000千円＝2,000千円

資本金の4分の1の額である1,500千円＜資本準備金と利益準備金の合計額である2,000千円

よって，利益準備金の積立ては不要となる。

┃Column┃　分配可能額の計算

分配可能額は，会社法に基づいて以下の過程を経て計算される（会社法446条）。

① 決算日における剰余金の額の算定

決算日における剰余金の額は，その他資本剰余金の額とその他利益剰余金の額の合計となる。

② 分配時点の剰余金の額の算定

分配時点の剰余金の額は，決算日における剰余金の額に，決算日以降分配

時点までの剰余金の増減を反映させた額である。すなわち，決算日以降の自己株式処分損益，資本金・準備金の減少による損益，自己株式の消却額を加え，剰余金の配当と法務省令で定める各項目に計上した額の合計額を控除したものとなる。

③　分配可能額の算定

分配可能額は，分配時点の剰余金の額から，分配時点の自己株式の帳簿価額，自己株式の処分対価，法務省令で定める額を控除したものとなる。

Column 繰延ヘッジ損益と土地再評価差額金（発展的学習）

繰延ヘッジ損益と土地再評価差額金は，いずれも評価・換算差額等の区分に表示される項目である。繰延ヘッジ損益は，時価評価されているデリバティブ等のヘッジ手段に係る損益をヘッジ対象となる項目の損益が認識されるまで繰り延べる場合に用いられる項目である。

以下は，繰延ヘッジ損益が生じる具体例である。

当社は，6か月後に商品Aを1個100円で200個購入する予定である。現在，商品Aの価格は1個100円であるが，6か月後に，商品Aの価格が上昇していた場合，当社は商品Aを高値で買うリスクを負うこととなる。そこで，当社はヘッジ会計を用いて6か月後に商品Aを1個100円で200個購入する先物契約を締結した。この契約により，当社は商品Aの価格が上昇しても，商品Aを20,000円（1個100円×200個）で購入することができる。

当社は3か月後に決算を迎えたが，商品Aの市場価格が1個150円に上昇していた。この時点で先物契約は価値が上昇したが，契約の満期（6か月後）にならないと実際の利益や損失は確定しない。そのため，決算日において，この価値の増加分10,000円（（150円－100円）×200個）は「繰延ヘッジ損益」として処理される（繰延ヘッジ損益には，税効果会計が適用される）。

このように，繰延ヘッジ損益は，リスクを避けるための「ヘッジ」がもたらす一時的な価値変動を管理するための項目である。実際の取引が完了し，利益や損失が確定した時点で，繰延ヘッジ損益は解消される。この仕組みにより，企業は価格変動のリスクを軽減させることが可能となる。また，投資家は企業のリスク管理の状況を評価するために，繰延ヘッジ損益の情報を参照する。

第12章　純資産の構成と剰余金の配当　135

　土地再評価差額金は，「土地の再評価に関する法律」により，金融機関や一定の要件を満たす上場会社等が事業用の土地の価格を再評価し，その土地評価益（または土地評価損）を貸借対照表に計上することにより生じた項目である。この法律は，1998年３月に３年間の時限立法として成立し，2001年３月に１年間延長されて2002年３月31日まで適用された。

┃Column┃　新株予約権の権利行使による増資（発展的学習）

① 　以下の条件で，新株予約権を10個発行した場合

> ・新株予約権発行価額は１個2,000円
> ・新株予約権１個につき発行する株式は100株
> ・権利行使価額は１株当たり2,000円
> ・払込額は当座預金に入金される
> ・払込金額は，会社法の規定による最低限を資本金に組み入れる

　新株予約権が20,000円増加してその金額が当座預金に払い込まれる。新株予約権の額は，20,000円（2,000円×10個）となる。仕訳を示せば，以下のとおりとなる。

　（借）当 座 預 金　20,000　　　（貸）新 株 予 約 権　　20,000

② 　新株予約権のうち８個分の権利が行使された場合
　株主より1,600,000円（2,000円×新株予約権８個×100株）の当座預金が払い込まれる。仕訳を示せば，以下のとおりとなる。

　（借）新 株 予 約 権　　16,000　　　（貸）資 　本 　金　808,000
　　　　当 座 預 金　1,600,000　　　　　　資 本 準 備 金　808,000

③ 　新株予約権のうち２個分の権利が行使されなかった場合
　権利失効により行使されなかった新株予約権２個分の4,000円（2,000円×２個）は，新株予約権戻入益（特別利益）として処理される。仕訳を示せば，以下のとおりとなる。

　（借）新 株 予 約 権　　4,000　　　（貸）新株予約権戻入益　　4,000

第**13**章

連結財務諸表①
―連結の範囲と財務諸表作成手続の概要―

1　連結財務諸表の必要性と制度化

(1)　企業集団としての事業活動の進展

　企業は個別の会社として事業活動を行うのみでなく，親会社とその子会社から成る企業集団を形成して経営活動を営む場合が多くみられる。個々の会社はそれぞれに法的実体をもつが，企業集団は支配従属関係で成り立つ１つの組織体としてとらえられる。この企業集団全体を１つの会計単位として作成される財務諸表が，**連結財務諸表**である。

　事業活動の多角化・グローバル化の進展による経済環境の変化や，海外投資家の増加に伴う市場環境の変化に対応して，企業の提供する投資情報として，従来の個別財務諸表に加えて連結財務諸表が求められるようになった。連結財務諸表には，個々の企業を会計単位とする個別財務諸表からは得ることのできない情報が含まれていることから，投資家の意思決定にとって重要な情報となっている。

　個別財務諸表は，財務諸表作成会社の財政状態，経営成績およびキャッシュ・フローの状況を報告するとともに，分配可能限度額および課税所得計算の基礎として用いられているのに対して，連結財務諸表は，企業集団としての財政状態，経営成績およびキャッシュ・フローの状況を総合的に報告すること

から，主として投資意思決定のための情報として活用されている。本章3で説明するように，連結財務諸表の作成の際には，企業集団内で行われた会社間取引が消去される。これにより，連結財務諸表にはグループ全体としての経済活動が反映される。なお，連結財務諸表を構成する計算書は，**図表13－1**に示すとおりである。

図表13－1 ┃ **会社法の連結計算書類と金融商品取引法の連結財務諸表の体系**

会社法の連結計算書類	金融商品取引法の連結財務諸表
連結貸借対照表	連結貸借対照表
連結損益計算書	連結損益計算書
	連結包括利益計算書
連結株主資本等変動計算書	連結株主資本等変動計算書
	連結キャッシュ・フロー計算書
連結注記表	連結附属明細表

(2) 連結財務諸表の制度化

連結財務諸表制度は，1975年に企業会計審議会が公表した「連結財務諸表の制度化に関する意見書」に基づいて1977年4月以降に開始する事業年度から導入された。その後は，経済活動の多角化・国際化，海外投資家の増加等に伴い，随時見直しが行われてきた。1999年4月以降に開始する事業年度からは，個別財務諸表よりも連結財務諸表が優先され，有価証券報告書の記載順序も連結財務諸表が先とされ，次いで個別財務諸表が表示されることとなった。

また，会社法においても，会社法上の大会社のうち金融商品取引法の適用を受けて有価証券報告書を提出する企業には，2003年4月以降に開始する事業年度から**連結計算書類**を株主に報告することが義務づけられている（会社法444条3項）。そして，2008年には，企業会計基準第22号「連結財務諸表に関する会計基準」が公表され，連結財務諸表に関する会計処理および開示が定められ，改正を重ねて現在に至っている。

企業会計基準第22号「連結財務諸表に関する会計基準」によれば，連結財務

諸表は，支配従属関係にある２つ以上の企業からなる集団を単一の組織体とみなして，親会社が当該企業集団の財政状態，経営成績およびキャッシュ・フローの状況を総合的に報告するために作成するものである（同基準１項）。同基準では，連結財務諸表作成における一般原則ならびに一般基準，連結財務諸表の作成基準について定めている。また，連結財務諸表に関する会計処理および開示については，「連結財務諸表原則」および「連結財務諸表制度における子会社及び関連会社の範囲の見直しに係る具体的な取扱い」の規定に優先してこの基準が適用される（同基準２項）。

(3) 連結財務諸表の会計主体

連結財務諸表はだれのために作成され，作成にあたっての会計上の判断はだれの観点から行われるのかといった連結財務諸表の会計主体については，親会社説と経済的単一体説の２つの見解がある。

親会社説によれば，連結財務諸表の会計主体は親会社の株主である。したがって，連結財務諸表は支配株主である親会社の株主のために作成され，作成上の会計判断も親会社の株主の観点から行われる。この考え方の下では，たとえば，株主資本は親会社の株主による出資額のみに限定され，非支配株主の出資額は株主資本には含められないこととなる。

非支配株主は，子会社における親会社以外の株主であり，子会社の資本のうち親会社の持分に帰属しない部分を所有している。子会社の資本のうち，非支配株主が所有している部分を**非支配株主持分**という。

これに対して，**経済的単一体説**によれば，連結財務諸表は親会社の株主とそれ以外の非支配株主の両方を含む企業集団全体の株主のために作成され，作成上の会計判断もこれらの企業集団全体の株主の観点から行われる。この考え方の下では，非支配株主の出資額も親会社の株主のそれと同様に，株主資本に含められる。

日本の会計基準では，国際的な会計基準との整合性に配慮して，基本的に経済的単一体説に基づいている。ただし，非支配株主の出資額である非支配株主持分の表示，およびのれんの認識の範囲については親会社説に依拠している。非支配株主持分は，連結貸借対照表において株主資本とは別に純資産の部の末

尾に表示されている。のれんについては，親会社が子会社株式を有償取得した分に対応する部分のみが，連結貸借対照表において資産（無形固定資産）として計上される。

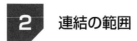
2　連結の範囲

(1)　連結の範囲に含められる子会社

　連結財務諸表を作成するにあたって，親会社は，原則としてすべての子会社を連結の範囲に含めることとされている（企業会計基準第22号「連結財務諸表に関する会計基準」13項）。ただし，子会社のうち①支配が一時的であると認められる企業，および②上述の①以外の企業であって，連結することにより利害関係者の判断を著しく誤らせるおそれのある企業に該当するものは，連結の範囲に含めない（同基準14項）。②の連結の範囲から除外される子会社としては，小規模であって，その資産，売上高等を考慮して，連結の範囲から除いても企業集団の財政状態，経営成績およびキャッシュ・フローの状況に関する合理的な判断を妨げない程度に重要性の乏しいものが該当する（同基準14項（注3））。

　連結の範囲に含まれる子会社は「連結子会社」，連結の範囲に含まれない子会社は「非連結子会社」という。連結の範囲に含めた子会社，非連結子会社に関する事項その他連結の方針に関する重要な事項およびこれらに重要な変更があったときは，その旨およびその理由を連結財務諸表に注記する（同基準43項）。

(2)　支配力基準に基づく子会社の判定

　親会社とは，他の企業の財務および営業または事業の方針を決定する機関（株主総会その他これに準ずる機関をいう。以下「意思決定機関」という）を支配している企業をいい，**子会社**とは，当該他の企業をいう（同基準6項）。親会社および子会社または子会社が，他の企業の意思決定機関を支配している場合における当該他の企業も，その親会社の子会社とみなす（同基準6項）。

　また，「他の企業の意思決定機関を支配している企業」とは，(a)他の企業の議決権の50％超を所有している場合，(b)他の企業の議決権の40％以上50％以下

を所有し，役員の派遣や融資関係等の一定の条件に該当する場合，(c)議決権の所有が40％未満であっても，緊密な関係により同一内容の議決権の行使を行う協力的な企業が所有する議決権と合わせて他の企業の議決権の50％超を所有し，かつ役員の派遣や融資関係等の一定の条件に該当する場合をいう（同基準7項）。これらの条件に基づいて，他の会社の財務や経営の方針を実質的に支配することにより，他の会社との支配従属関係が存在するとみる考え方を**支配力基準**という。これらの判定基準となる具体的なケースは，同基準7項(1)(2)(3)において規定されている。

設例13－1　連結子会社の判定

次の図に基づいて，A社，B社，C社，D社がP社の子会社に該当するか否かを判定しなさい。ただし，支配が一時的である子会社および重要性が乏しい子会社は含まれていない。図中の％の値は，議決権の保有割合を示す。また，P社の役員は，C社の取締役会の構成員の過半数を占めている。なお，A社，B社，C社，D社において自己株式の取得はないものとする。

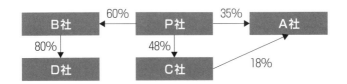

解答・解説

親会社および子会社が共同して，または子会社が単独で，他の企業の意思決定機関を支配している場合における当該他の企業も，その親会社の子会社とみなす。

- P社はB社の議決権の60％を所有している（同基準7項(1)に該当する）。
  したがって，B社はP社の子会社となる。
- B社はD社の議決権の80％を所有しておりD社の親会社である。
  したがって，D社もP社の子会社となる（同基準6項に該当する）。
- P社はC社の議決権の48％を所有しており，かつP社の役員がC社の取締役会の構成員の過半数を占めている（同基準7項(2)に該当する）。
  したがって，C社はP社の子会社となる。
- P社の子会社であるC社は親会社であるP社と同一内容の議決権行使を行う協力的な株主である。P社はA社の議決権の35％を所有するが，P社とC社が合

わせてA社の議決権の53％を所有することとなる（同基準7項(3)に該当する）。
したがって，A社はP社の子会社となる。

連結貸借対照表と連結損益計算書の作成手続

(1) 連結財務諸表作成手続の概要

　連結財務諸表の作成手続の流れは，以下のとおりである。
　まず，子会社の個別財務諸表における資産・負債を当該子会社の支配獲得日の時価で評価して親会社および子会社の財務諸表を合算する。在外子会社が存在する場合は，支配獲得日における当該子会社の資産・負債の評価を行うとともに，親会社の報告通貨に財務諸表を換算する必要がある。
　つぎに，投資と資本の相殺消去，債権債務の相殺消去，取引高の相殺消去，未実現利益の消去等の修正手続を行う。連結会社の財務諸表の合算により，連結会社間の取引が双方の財務諸表に計上されることになることから，企業集団全体の経済的実態を正確に表すために，これらの取引について相殺消去等の修正を行う必要がある。
　そして，持分法を適用することにより，非連結子会社および関連会社の業績を連結財務諸表に反映させる（持分法については，第14章第1節で説明する）。非連結子会社の財務諸表は，連結子会社のように財務諸表の全体を親会社と合算する手続はとられないが，関連会社とともにその業績は連結財務諸表に反映される。持分法の会計処理は，企業会計基準第16号「持分法に関する会計基準」に準拠して行われる。
　以下では，連結貸借対照表および連結損益計算書の作成手続の論点を設例とともに概説する。

(2) 連結決算日および会計方針

　連結財務諸表の作成に関する期間は1年であり，親会社の会計期間に基づき

第13章　連結財務諸表①―連結の範囲と財務諸表作成手続の概要―　143

年1回一定の日をもって連結決算日とする（企業会計基準第22号「連結財務諸表に関する会計基準」15項）。親会社と子会社の連結決算日が異なる場合には，子会社は，連結決算日に正規の決算に準ずる合理的な手続により決算を行う（同基準16項）。決算日の差異が3か月を超えない場合には子会社の決算日を基礎として連結決算を行うことができるが，子会社の決算日と連結決算日が異なることから生じる連結会社間の取引に係る会計記録の重要な不一致について，必要な整理を行うものとされている（同基準16項（注4））。

　親会社および子会社の会計方針については，同一環境下で行われた同一の性質の取引等について，親会社と子会社が採用する会計方針は，原則として統一することとされている（同基準17項）。

(3)　連結貸借対照表の作成

　連結貸借対照表は，親会社および子会社の個別貸借対照表における資産，負債および純資産の金額を基礎とし，子会社の資産および負債の評価，連結会社相互間の投資と資本および債権と債務の相殺消去等の処理を行って作成する（同基準18項）。

　これらの内部取引の相殺消去を行うことで，連結貸借対照表は企業集団の財政状態を適切に表すことができる。

①　投資と資本の相殺消去

　連結貸借対照表の作成にあたっては，まず，支配獲得日において，子会社の資産および負債のすべてを支配獲得日の時価により評価する方法（全面時価評価法）により評価する（同基準20項）。子会社の資産および負債の時価による評価額と，当該資産および負債の個別貸借対照表上の金額との差額（以下「評価差額」という）は，子会社の資本とする（同基準21項）。なお，支配獲得日が子会社の決算日以外の日である場合には，当該日の前後いずれかの決算日に支配獲得が行われたものとみなして処理することができる（同基準20項（注5））。

　つぎに，親会社の子会社に対する投資とこれに対応する子会社の資本は，相殺消去する（同基準23項）。その場合，親会社の子会社に対する投資の金額は，支配獲得日の時価により（同基準23項(1)），子会社の資本は，子会社の個別貸借対

照表上の純資産の部における株主資本および評価・換算差額等と評価差額からなる（同基準23項(2)）。

さらに、親会社の子会社に対する投資とこれに対応する子会社の資本との相殺消去にあたり、差額が生じる場合には、当該差額をのれん（または負ののれん）とする。なお、のれん（または負ののれん）は、企業会計基準第21号「企業結合に関する会計基準」32項（または33項）に従って会計処理を行う（同基準24項）。

■**投資と資本の相殺消去の手順**

(a) 支配獲得日における子会社の諸資産および諸負債のすべてを支配獲得日の時価により評価する。これにより生じた評価差額は、子会社の資本とする。

(b) 親会社の子会社に対する投資（子会社株式）とこれに対応する子会社の資本（子会社の株主資本および評価・換算差額等と評価差額）を相殺消去する。

(c) 相殺消去にあたり、差額が生じる場合には、当該差額をのれん（親会社の投資額＞子会社の資本）または負ののれん（親会社の投資額＜子会社の資本）とする。

設例13−2　投資と資本の相殺消去—100％子会社の場合—

X1年3月31日、P社はS社の全株式を2,800百万円で取得した。取得日におけるS社の資本の内訳は、資本金1,000百万円、資本剰余金500百万円、利益剰余金850百万円であった。S社の諸資産の時価6,000百万円は、貸借対照表計上額を150百万円上回っている。S社の諸負債の時価3,500百万円について、貸借対照表計上額との評価差額は生じなかった。S社およびP社の決算日は、それぞれ3月31日である。P社の投資とこれに対応するS社の貸借対照表における資本を相殺消去しなさい。

S社貸借対照表（時価評価後）

（単位：百万円）

諸資産　6,000	諸負債　3,500
	資本金　1,000
	資本剰余金　500
	評価差額　150
	利益剰余金　850

P社貸借対照表

（単位：百万円）

諸資産　9,200	諸負債　6,000
	資本金　4,000
	資本剰余金　1,000
	利益剰余金　1,000
S社株式　2,800	

解答・解説

■投資と資本の相殺消去の手順

(a) 支配獲得日における子会社の諸資産および諸負債の時価は，それぞれ6,000百万円と3,500百万円である。これにより生じた評価差額150百万円は，子会社の資本とする。

(b) 親会社の子会社に対する投資（S会社株式2,800百万円）とこれに対応する子会社の資本（子会社の株主資本および評価・換算差額等と評価差額の合計2,500百万円）を相殺消去する。

(c) 相殺消去にあたり生じた差額300百万円をのれん（親会社の投資額＞子会社の資本）として連結貸借対照表に計上する。

＊P社の投資とS社の資本の相殺消去の仕訳を示せば，以下のとおりとなる。

（借）	資 本 金	1,000	（貸）	S 社 株 式	2,800
	資本剰余金	500			
	評 価 差 額	150			
	利益剰余金	850			
	の れ ん	300			

連結貸借対照表

（単位：百万円）

146

| Column | 投資と資本の相殺消去—非支配株主が存在する場合—

　親会社による子会社の議決権の所有割合が100％に満たないとき，子会社には親会社以外の非支配株主が存在する。前述のとおり，日本は親会社による子会社株式の有償取得に対応する部分のみを資産計上する考え方をとっている。したがって，投資と資本の相殺消去に際して，親会社に帰属する部分は親会社の投資勘定と相殺され，非支配株主に帰属する部分は非支配株主持分として処理する。ここでは，設例13－2を非支配株主が存在するケースで考えてみる。

設例13－3　投資と資本の相殺消去—非支配株主が存在する場合—

　X1年3月31日，P社はS社の発行済株式の70％を1,960百万円で取得した。取得日におけるS社の資本の内訳は，資本金1,000百万円，資本剰余金500百万円，利益剰余金850百万円であった。S社の諸資産の時価は，貸借対照表計上額を150百万円上回っている。S社の諸負債の時価3,500百万円について，貸借対照表計上額との評価差額は生じなかった。S社およびP社の決算日は，それぞれ3月31日である。P社の投資とこれに対応するS社の貸借対照表における資本を相殺消去しなさい。

解答・解説

■投資と資本の相殺消去の手順

(a)　支配獲得日における子会社の諸資産および諸負債の時価は，それぞれ6,000百万円と3,500百万円である。これにより生じた評価差額150百万円は，子会社の資本とする。

(b)　親会社の子会社に対する投資（S社の発行済株式の70％である1,960百万円）とこれに対応する子会社の資本（子会社の株主資本および評価・換算差額等と評価差額の合計2,500百万円の70％である1,750百万円）を相殺消去する。

(c)　相殺消去にあたり生じた差額210百万円をのれん（親会社の投資額＞子会社の資本）とする。

　＊P社の投資とS社の資本の相殺消去の仕訳を示せば，以下のとおりとなる。

（借）資 本 金	1,000	（貸）S 社 株 式	1,960
資本剰余金	500	非支配株主持分	750*
評 価 差 額	150		
利益剰余金	850		
の れ ん	210**		

第13章　連結財務諸表①—連結の範囲と財務諸表作成手続の概要—　147

* 　（1,000＋500＋150＋850）×30％＝750
** 　Ｓ社株式の取得額1,960がＰ社支配の総資産額（1,000＋500＋150＋850）×70％＝1,750を超える部分の210がのれんの額となる。

②　債権債務の相殺消去

　連結会社相互間の取引から生じる債権と債務は，企業集団内の取引であるから，連結貸借対照表の作成の際には相殺消去を要する。相殺消去の対象となる債権と債務には，連結会社相互間の売掛金と買掛金をはじめとする債権と債務のほかに，前払費用，未収収益，前受収益および未払費用，連結会社を対象として引き当てられたことが明らかである引当金等がある（同基準31項（注10））。

設例13－4　貸付金と借入金の相殺消去

　親会社Ｐ社が子会社Ｓ社に，利率年４％で2,000を貸し付けており，連結決算日において６か月分の利息が未払いである。連結決算日におけるＰ社とＳ社の債権と債務の相殺消去と，それに関連して必要となる会計処理について説明しなさい。

解答・解説

　Ｐ社とＳ社に生じている債権・債務は，企業集団内部の取引であることから連結決算において相殺消去する。また，この取引によって生じている受取利息・支払利息，および未収利息・未払利息についても，相殺消去を行う。

①　Ｐ社の貸付金とＳ社の借入金を相殺する。

　仕訳を示せば，以下のとおりとなる。

```
P社　（借）貸　付　金　2,000　　（貸）現　　　金　2,000
S社　（借）現　　　金　2,000　　（貸）借　入　金　2,000
→　相殺消去（借）借　入　金　2,000　　（貸）貸　付　金　2,000
```

②　決算日までに受払いされた６か月分の受取利息と支払利息を相殺する。

　仕訳を示すと以下のとおりとなる。

```
P社　（借）現　　　金　40　　（貸）受　取　利　息　40
S社　（借）支　払　利　息　40　　（貸）現　　　金　40
→　相殺消去（借）受　取　利　息　40　　（貸）支　払　利　息　40
```

③ 決算日において未収・未払となっている利息を相殺する。

仕訳を示せば，以下のとおりとなる。

P社	（借）	未 収 利 息	40	（貸）	受 取 利 息	40	
S社	（借）	支 払 利 息	40	（貸）	未 払 利 息	40	
→ 相殺消去	（借）	受 取 利 息	40	（貸）	支 払 利 息	40	
	（借）	未 払 利 息	40	（貸）	未 収 利 息	40	

設例13－5　売掛金と買掛金の相殺消去

連結子会社Ａ社が連結子会社Ｂ社に商品1,000千円を掛で販売した。連結決算における債権と債務の相殺消去について説明しなさい。

解答・解説

Ａ社は，売掛金1,000千円と売上1,000千円を計上している。Ｂ社は，仕入1,000千円と買掛金1,000千円を計上している。連結決算上は，Ａ社の売掛金（債権）とＢ社の買掛金（債務）を相殺する。連結損益計算書上の科目を用いるため，「売上」は「売上高」，「仕入」は「売上原価」を用いて処理する。

参考までに，以下においてＡ社およびＢ社の仕訳を示す。

Ａ社	（借）	売 掛 金	1,000,000	（貸）	売 上 高	1,000,000	
Ｂ社	（借）	売 上 原 価	1,000,000	（貸）	買 掛 金	1,000,000	
→ 相殺消去	（借）	買 掛 金	1,000,000	（貸）	売 掛 金	1,000,000	
	（借）	売 上 高	1,000,000	（貸）	売 上 原 価	1,000,000	

＊この設例では，売掛金1,000千円と買掛金1,000千円が相殺された結果，Ａ社には売上高1,000千円が，Ｂ社には売上原価1,000千円が残ることとなる。後述するように，この設例の取引は連結会社相互間の内部取引であることから，連結決算上はＡ社の売上高1,000千円とＢ社の売上原価1,000千円も消去されることとなる。企業集団の外部の会社との取引であれば，消去されずに連結財務諸表に計上されることとなる。

設例13－6　債権債務の消去に伴う貸倒引当金の処理

親会社Ｐ社は子会社Ｓ社に商品2,000千円を掛で販売した。Ｐ社はこの売掛

第13章　連結財務諸表①—連結の範囲と財務諸表作成手続の概要—　　149

金2,000千円に対して２％の貸倒引当金を設定している。連結決算日における債権と債務の相殺消去とそれに伴う貸倒引当金の会計処理について説明しなさい。なお，Ｓ社には非支配株主は存在しないものとする。

解答・解説

　Ｐ社とＳ社に生じている売掛金と買掛金，および売上高と売上原価は企業集団内部の取引であることから連結決算において相殺消去する。また，この取引に付随する貸倒引当金についても消去を行う。

① 　Ｐ社の売掛金とＳ社の買掛金を相殺する。また，Ｐ社の売上とＳ社の仕入についても内部取引であることから相殺消去する。

　　仕訳を示せば，以下のとおりとなる。

　Ｐ社　（借）　売　掛　金　　2,000,000　　　（貸）　売　　上　　高　　2,000,000
　Ｓ社　（借）　売 上 原 価　　2,000,000　　　（貸）　買　　掛　　金　　2,000,000
　→　相殺処理　（借）　買　　掛　　金　　2,000,000　　　（貸）　売　　掛　　金　　2,000,000
　　　　　　　　（借）　売　　上　　高　　2,000,000　　　（貸）　売 上 原 価　　2,000,000

② 　相殺消去されたＰ社の売掛金に対して設定された貸倒引当金40千円（売掛金2,000千円×２％＝40千円）を消去する。

　　仕訳を示せば，以下のとおりとなる。

　Ｐ社　（借）　貸倒引当金繰入　　40,000　　　（貸）　貸倒引当金　　40,000
　→　相殺消去　（借）　貸倒引当金　　40,000　　　（貸）　貸倒引当金繰入　　40,000

(4)　連結損益計算書の作成

　連結損益計算書は，親会社および子会社の個別損益計算書等における収益，費用等の金額を基礎とし，連結会社相互間の取引高の相殺消去および未実現損益の消去等の処理を行って作成する（同基準34項）。

　これらの内部取引の相殺消去および未実現損益の相殺消去を行うことで，連結損益計算書は企業集団の経営成績を適切に表すことができる。

①　取引高の相殺消去

　連結損益計算書の作成にあたっては，連結会社相互間における商品の売買その他の取引に係る項目は，相殺消去する（同基準35項）。連結損益計算書に関連

して，相殺消去を要する連結相互間の取引としては，売上高と売上原価，資金貸借に係る受取利息と支払利息，子会社が実施した配当のうち，持株比率に対応して親会社が受け取った配当金の額などがある。

なお，会社相互間取引の相殺消去については，会社相互間取引が連結会社以外の企業を通じて行われている場合であっても，その取引が実質的に連結会社間の取引であることが明確であるときは，この取引を連結会社間の取引とみなして処理する（同基準35項（注12））。

連結会社相互間の売上高と売上原価，資金貸借に係る受取利息と支払利息については，連結集団内部の取引であることから，連結決算上は相殺消去される。これらの取引の相殺消去については，設例13－3および設例13－4において解説されている。

設例13－7　子会社からの配当の相殺消去

親会社P社は，子会社S社より配当金50,000千円を受け取り，営業外収益に計上している。この配当金の連結決算における会計処理について説明しなさい。

解答・解説

親会社が子会社から受け取った配当金と子会社が親会社に支払った配当金は，企業集団における内部取引であることから，連結決算において相殺消去する。

参考までに，以下において配当金が支払われたときのP社およびS社の仕訳と，配当金の受払いを相殺消去する仕訳を示す。S社の借方に示された配当金は，P社に対する配当金支払額を示している。

P社　（借）現金預金 50,000,000　（貸）受取配当金 50,000,000
S社　（借）配 当 金 50,000,000　（貸）現金預金 50,000,000
相殺消去の仕訳：（借）受取配当金 50,000,000　（貸）配 当 金 50,000,000

②　未実現損益の消去

連結会社相互間で利益を加算して商品を販売した場合，その商品が企業集団の外部の会社に販売されるまでは，当該取引による利益は企業集団内部の取引による未実現利益であることから，この未実現の利益を連結決算において消去する必要がある。

第13章　連結財務諸表①—連結の範囲と財務諸表作成手続の概要—　　151

　連結会社相互間の取引によって取得した棚卸資産，固定資産その他の資産に含まれる未実現損益は，その全額を消去することとされている（同基準36項）。ただし，未実現損失については，売手側の帳簿価額のうち回収不能と認められる部分は，消去しない（同基準36項）。なお，未実現損益の金額に重要性が乏しい場合には，これを消去しないことができる（同基準37項）。

設例13－8　棚卸資産の未実現利益の消去

　親会社Ｐ社は卸売業を，子会社Ｓ社は小売業を営んでおり，Ｐ社はＳ社の議決権の100％を所有している。Ｓ社は，Ｐ社から仕入れた商品のみを販売している。

　Ｐ社は，当期に連結集団の外部の会社より商品800千円を仕入れ，利益200千円を付加して子会社Ｓ社に販売した。Ｓ社がＰ社から仕入れた商品1,000千円は，連結集団の外部の会社に販売されないまま，連結決算日において在庫となっている。連結決算上における連結会社相互間の取引および未実現利益の会計処理について説明しなさい。

　なお，Ｐ社もＳ社もこの取引以外の取引はなく，Ｐ社およびＳ社に期首商品の保有はなかったものとする。

解答・解説

　内部取引を消去する会計処理と未実現利益を消去する会計処理を行うこととなる。

① 　Ｐ社のＳ社への商品販売は，連結会社間の取引であることから，Ｐ社のＳ社への売上（売上高）とＳ社のＰ社からの仕入（売上原価）を相殺消去する。

　　仕訳を示せば，以下のとおりとなる。

　　（借）売 上 高　1,000,000　　　（貸）売 上 原 価　1,000,000

② 　Ｐ社がＳ社に商品を販売した際に付加した利益は，内部取引から生じた利益であり，企業集団の外部の会社に販売されていないことから企業集団としては未実現の利益となる。したがって，連結決算上はＳ社の棚卸資産1,000千円に含まれる未実現の利益200千円を消去する。

　　そのためには，子会社の期末商品棚卸高から未実現利益を減額するとともに，売上原価を増額する必要がある。売上原価は当期商品仕入高から期末商品棚卸高を控除して算定するため，期末商品棚卸高に未実現利益が含まれているとその金額分だけ売上原価が過小となるためである。

　　仕訳を示せば，以下のとおりとなる。

（借）売 上 原 価　　200,000　　　　（貸）棚 卸 資 産　　200,000

＊連結集団としてみた場合，P社が連結集団の外部の会社から仕入れた800千円が
連結集団に在庫として残っている状態となる。上記の仕訳の貸方で，在庫に含
まれる未実現の利益200千円を減額して，借方で同額の200千円をS社の売上原
価を増額することで，P社が付加した利益200千円が消去される。下記の表でみ
ると，S社の売上原価の内訳である期末商品の（－）1,000千円に200千円を加算し
て（－）800千円とすることで，連結損益計算書の売上原価は0（連結集団の外部
への売上はなかったため）となる。

	P社損益計算書		S社損益計算書		連結損益計算書	
売上高		1,000		0		0
売上原価						
期首商品棚卸高		0		0		0
当期商品仕入高（＋）		800		1,000		800
期末商品棚卸高（－）	0	800	1,000	0	800	0
売上総利益		200		0		0

Column　棚卸資産の未実現利益の消去─子会社から親会社への販売

　親会社と子会社の間で商品売買取引が行われた際に，親会社から子会社に利益
を付加して販売するケースにおいては，子会社に非支配株主が存在するか否かに
かかわらず，子会社が保有する在庫に含まれている未実現利益は親会社が全額消
去する。

　これに対して，子会社から親会社に利益を付加して商品が販売され，売手側の
子会社に非支配株主が存在する場合には，未実現損益の消去は，親会社と非支配
株主の持分比率に応じて行われる（同基準38項）。

　たとえば，非支配株主が30％存在する子会社S社が，連結集団の外部の会社か
ら仕入れた商品800千円に利益200千円を付加して親会社P社に1,000千円で販売
し，P社が連結決算日に在庫として保有している場合を想定する。P社の在庫に
含まれる未実現利益200千円は，持株比率に応じて親会社P社70％と非支配株主
30％に配分して消去される。具体的には，未実現利益の200千円のうち親会社持
分に配分される140千円は連結財務諸表上で消去され，非支配株主に配分される
60千円は非支配株主持分として減額される。

第13章　連結財務諸表①—連結の範囲と財務諸表作成手続の概要—　153

仕訳を示せば，以下のとおりとなる。

| （借）　売　上　原　価 | 200,000 | （貸）　棚　卸　資　産 | 200,000 |
| （借）　非支配株主持分 | 60,000 | （貸）　非支配株主に帰属する当期純利益 | 60,000 |

＊ここでは，未実現利益200千円の全額が消去され，その結果，親会社持分の売上原価が200千円増加し，非支配株主についても60千円が減額されている。この処理により，連結財務諸表には未実現利益が反映されず，企業集団全体の経済的実態が正確に表示されることになる。

(5)　包括利益の表示

　包括利益は，企業会計基準第25号「包括利益の表示に関する会計基準」に基づいて連結財務諸表において表示することが要求されている。表示方法の例は，第3章に1計算書方式および2計算書方式の両方が示されている。

　2計算書方式では，連結損益計算書と連結包括利益計算書の2つの計算書に分けて，それぞれ当期純利益と包括利益が表示される。連結損益計算書の末尾には，連結ベースの当期純利益から非支配株主持分に帰属する当期純利益を控除して親会社に帰属する当期純利益が表示される。連結包括利益計算書の末尾には包括利益が表示され，内訳として親会社に係る包括利益と非支配株主に係る包括利益が示される。多くの日本企業は当期純利益と包括利益を明確に区別して示すために2計算書方式を採用しており，これは経営者が当期純利益を重視する傾向も反映している。

　1計算書方式には，「連結損益及び包括利益計算書」の名称のもとに，当期純利益と包括利益が1つの計算書に表示される。この方式では，連結ベースの当期純利益と包括利益が表示され，さらに親会社と非支配株主持分の内訳がそれぞれ示される。

　いずれの方式においても，当期純利益と包括利益について親会社の株主に帰属する部分と非支配株主持分に帰属する部分の両方が表示されていることから，経済的単一体説に基づくものとなっている。

第14章

連結財務諸表②
—持分法と連結財務諸表の全体像—

 持分法

(1) 持分法適用会社

　企業会計基準第16号「持分法に関する会計基準」は，持分法に関する会計処理および開示について定めている。**持分法**は，投資会社が被投資会社の資本および損益のうち投資会社に帰属する部分の変動に応じて，その投資の額を連結決算日ごとに修正する方法をいう（同基準4項）。持分法の適用により，被投資会社の業績や純資産の変動のうち投資会社の持分に対応する部分は連結財務諸表に反映されることとなる。

　非連結子会社および関連会社に対する投資については，原則として持分法を適用するが，持分法の適用により，連結財務諸表に重要な影響を与えない場合には，持分法の適用会社としないことができる（同基準6項）。

　関連会社とは，企業（当該企業が子会社を有する場合には，当該子会社を含む）が，出資，人事，資金，技術，取引等の関係を通じて，子会社以外の他の企業の財務および営業または事業の方針の決定に対して重要な影響を与えることができる場合における当該子会社以外の他の企業をいう（同基準5項）。

　「子会社以外の他の企業の財務および営業または事業の方針の決定に対して重要な影響を与えることができる場合」とは，(a)子会社以外の他の企業の議決

権の20％以上を所有している場合，(b)他の企業の議決権の15％以上20％未満の議決権を所有し，かつ，役員の派遣・融資・技術提供・取引関係等，財務および営業の方針決定に対して重要な影響を与えることができる場合，(c)議決権の所有が20％未満であっても緊密な関係により同一内容の議決権の行使を行う協力的な企業が所有する議決権と合わせて他の企業の議決権の20％以上を所有し，役員の派遣・融資・技術提供・取引関係等，財務および営業の方針決定に対して重要な影響を与えることができる場合をいう（同基準5－2項）。これらの条件に基づいて，他の会社の財務や経営の方針に対して重要な影響力を与えることができるとみる考え方を**影響力基準**という。これらの判定基準となる具体的な条件は，企業会計基準第22号5－2項において規定されている。

設例14－1　関連会社の判定

次の場合に，被投資会社が投資会社の関連会社に該当するか否かを判定しなさい。

① 投資会社は，被投資会社の議決権の30％を所有している。
② 投資会社は，被投資会社の議決権の15％を所有しており，かつ自社の役員を被投資会社の取締役に就任させている。
③ 投資会社は，被投資会社の議決権の15％を所有しており，投資会社の子会社S社は被投資会社の議決権の10％を所有している。それに加えて，投資会社は被投資会社に重要な技術を提供している。

解答・解説

①②③のいずれにおいても，被投資会社は投資会社の関連会社と判定される。

① 企業会計基準第16号「持分法に関する会計基準」5－2項(1)に該当する。
② 同基準5－2項(2)および(2)①に該当する。
③ 同基準5－2項(3)に該当する。

＊連結集団の親会社からみて，その会社の意思決定機関を支配していることが子会社となるか否かの判定基準となるのに対して，その会社の財務および営業または事業の方針の決定に対して重要な影響を与えることができることが関連会社となるか否かの判定基準となる。

第14章　連結財務諸表②—持分法と連結財務諸表の全体像—　　157

(2)　持分法の会計処理

　持分法の会計処理には，①投資会社の投資と被投資会社の資本との差額の処理，②投資会社の持株比率に応じた被投資会社の当期純利益の処理，③投資会社と被投資会社間の取引に係る未実現損益の消去，④配当金の消去が含まれる。なお，持分法の適用対象となる被投資会社は非連結子会社と関連会社となるが，ここでは，被投資会社として関連会社を中心に説明する。

　上記の①について，投資会社の投資日における投資とこれに対応する被投資会社の資本との間に差額がある場合には，当該差額はのれんまたは負ののれんとし，のれんは投資に含めて処理する（同基準11項）。②について，投資会社は，投資の日以降における被投資会社の利益または損失のうち投資会社の持分または負担に見合う額を算定して，投資の額を増額または減額し，当該増減額を当期純利益の計算に含める（同基準12項）。のれん（または負ののれん）の会計処理は，企業会計基準第21号「企業結合に関する会計基準」32項（または33項）に準じて行う（同基準12項）。のれんおよび負ののれんについては，第8章無形固定資産で説明されている。

　③について，投資の増減額の算定にあたっては，連結会社（親会社および連結される子会社）と持分法の適用会社との間の取引に係る未実現損益を消去するための修正を行う（同基準13項）。④について，被投資会社から配当金を受け取った場合には，当該配当金に相当する額を投資の額から減額する（同基準14項）。

設例14－2　投資会社の投資と被投資会社の資本との差額

　連結集団の親会社であるP社は，A社の発行済株式の30％を40,000千円で取得して関連会社とし，持分法を適用している。P社の投資日におけるA社の資本は100,000千円である。また，投資日以降に，A社は当期純利益20,000千円を計上した。連結決算における会計処理について説明しなさい。

解答・解説

　P社のA社に対する投資40,000千円とA社の資本の30％に相当する30,000千円の差

額10,000千円はのれんとなるが，のれん10,000千円はＰ社の投資額である40,000千円に含まれて投資有価証券として処理されている。したがって，連結財務諸表上は資産として計上されない。

また，のれん相当額10,000千円は20年以内に定額法その他の合理的な方法により償却しなければならない。この場合，「持分法による投資損益」（損益計算書の営業外損益の区分に表示される）を用いて，のれんの償却相当額分を投資有価証券から減額する。

のれん相当額を10年の定額法で償却する会計処理を行った場合の仕訳を示せば，以下のとおりとなる。

（借）持分法による投資損益　　1,000,000　　　（貸）投資有価証券　　1,000,000

Ａ社が計上した当期純利益20,000千円の30％である6,000千円（20,000千円×30％＝6,000千円）について，投資有価証券を増額する。仕訳を示せば，以下のとおりとなる。

（借）投資有価証券　　6,000,000　　　（貸）持分法による投資損益　　6,000,000

設例14－3　関連会社からの受取配当金の消去

設例14－2において，関連会社Ａ社が10,000千円の配当を実施した場合，連結集団の親会社Ｐ社がＡ社より受け取る配当金の額および会計処理について説明しなさい。

解答・解説

Ｐ社がＡ社より受け取る配当金の額は，3,000千円である（10,000千円×30％＝3,000千円）。また，Ｐ社は受け取った配当金に相当する額をＡ社に対する投資の額から減額し，受取配当金と相殺消去する。仕訳を示せば，以下のとおりとなる。

配当金の受領時（Ｐ社の個別財務諸表上の処理）

（借）現　金　預　金　　3,000,000　　　（貸）受　取　配　当　金　　3,000,000

受取配当金の消去時（Ｐ社の連結財務諸表上の処理）

（借）受　取　配　当　金　　3,000,000　　　（貸）投　資　有　価　証　券　　3,000,000

第14章　連結財務諸表②—持分法と連結財務諸表の全体像—　　159

設例14-4　関連会社との取引に係る未実現利益の消去

　設例14-2において，親会社P社が連結集団の外部から1,000千円で仕入れた商品を関連会社A社に1,200千円で販売し，連結決算日においてA社はこの商品を在庫として保有している。この場合における未実現の利益の会計処理について説明しなさい。

解答・解説

　親会社から関連会社に販売された商品が在庫に含まれる未実現利益は，親会社の持分相当額を消去する。この設例では，未実現利益200千円のうち30％に相当する60千円をP社の売上高から減額し，A社の投資有価証券を減額する。仕訳で示すと以下のとおりとなる。

　（借）　売　　上　　高　　60,000　　　　（貸）　投 資 有 価 証 券　　60,000

Column　関連会社から投資会社（連結集団の親会社）への売上から生じた未実現利益の消去

　設例14-4において，関連会社A社が連結集団の外部から1,000千円で仕入れた商品を連結集団の親会社P社に1,200千円で販売し，連結決算日においてP社はこの商品を在庫として保有している場合における未実現の利益の会計処理は，つぎのとおりとなる。すなわち，P社の棚卸資産に含まれている未実現利益200千円のうち，P社の持分に相当する60千円をP社の棚卸資産から減額するとともに，「持分法による投資損益」を減額する。

解答・解説

　P社から関連会社に販売された商品が在庫に含まれる未実現利益は，P社の持分相当額を消去する。この設例では，未実現利益200千円のうち30％である60千円を相殺消去する。仕訳で示すと，以下のとおりとなる。

　（借）　持分法による投資損益　　60,000　　　　（貸）　棚 卸 資 産　　60,000

2 連結株主資本等変動計算書

　株主資本等変動計算書は，会社法により作成が義務づけられている（会社法435条2項，会社計算規則59条1項）。また，企業会計基準第6号「株主資本等変動計算書に関する会計基準」により株主資本等変動計算書の表示区分および表示方法等が定められている。株主資本等変動計算書は，貸借対照表の純資産の部の一会計期間における変動額のうち，主として，株主（連結上は親会社株主）に帰属する部分である株主資本の各項目の変動事由を報告するために作成するものである（同基準1項）。個別株主資本等変動計算書については，第3章において概説されているため，ここでは連結株主資本等変動計算書を中心に説明する。

　図表14-1は，企業会計基準適用指針第9号「株主資本等変動計算書に関する会計基準の適用指針」に示された連結株主資本等変動計算書の表示例である（同指針3項）。連結貸借対照表において表示された「親会社株主に帰属する当期純利益」は，連結株主資本等変動計算書の利益剰余金の変動事由として表示される（同基準7項）。個別株主資本等変動計算書では，「評価・換算差額等」の名称で表示されていた区分は，連結株主資本等変動計算書では「その他の包括利益累計額」として表示される。

図表14-1 連結株主資本等変動計算書の表示例

	株主資本					その他の包括利益累計額					株式引受権	新株予約権	非支配株主持分	純資産合計
	資本金	資本剰余金	利益剰余金	自己株式	株主資本合計	その他有価証券評価差額金	繰延ヘッジ損益	為替換算調整勘定	退職給付に係る調整累計額	その他の包括利益累計額合計				
当期首残高	×××	×××	×××	△×××	×××	×××	×××	×××	×××	×××	×××	×××	×××	×××
当期変動額														
新株の発行	×××	×××			×××									×××
剰余金の配当			△×××		△×××									△×××
親会社株主に帰属する当期純利益			×××		×××									×××
×××××														
自己株式の処分				×××	×××									×××
その他			×××		×××									×××
株主資本以外の項目の当期変動額（純額）						×××	×××	×××	×××	×××	△×××	△×××	×××	×××
当期変動額合計	×××	×××	×××	×××	×××	×××	×××	×××	×××	×××	△×××	△×××	×××	×××
当期末残高	×××	×××	×××	△×××	×××	×××	×××	×××	×××	×××	×××	×××	×××	×××

（出所）　企業会計基準適用指針第9号「株主資本等変動計算書に関する会計基準の適用指針」3項の様式例(1)②

また，個別の株主資本等変動計算書には表示されないが，連結株主資本等変動計算書に表示される項目には，為替換算調整勘定，退職給付に係る調整累計額，非支配株主持分がある。**為替換算調整勘定**は，在外子会社等の財務諸表を円貨に換算することによって生じた換算差額である。**退職給付に係る調整累計額**は，退職給付会計における未認識項目（未認識数理計算上の差異および未認識過去勤務費用）の変動を反映する項目であり，退職給付の計算における予測と実際の結果との差異を示している。**非支配株主持分**は，前述のとおり，非支配株主の出資額である。

連結株主資本等変動計算書に注記を要する事項は，①発行済株式の種類および総数に関する事項，②自己株式の種類および株式数に関する事項，③新株予約権および自己新株予約権に関する事項，そして④配当に関する事項である（同基準9項）。

3 連結キャッシュ・フロー計算書

第3章において，連結キャッシュ・フロー計算書の作成目的，連結キャッシュ・フロー計算書が対象とする資金の範囲，表示区分，および間接法による表示例について概説した。連結キャッシュ・フロー計算書の作成にあたっては，連結会社相互間のキャッシュ・フローは相殺消去しなければならず（「連結キャッシュ・フロー計算書等の作成基準」第二の三），在外子会社の外貨によるキャッシュ・フローは，「外貨建取引等会計基準」における収益および費用の換算方法に準じて換算することとされている（同基準第二の四）。

(1) 連結キャッシュ・フロー計算書の区分と表示方法

ここでは，**図表14-2**において連結キャッシュ・フロー計算書の作成および区分ごとの表示方法の概要を示したうえで，直接法および間接法による表示方法の違いとそれぞれの長短について説明する。

図表14－2 ┃連結キャッシュ・フロー計算書の区分と表示方法

表示区分	記載内容 （基準第二の二）	記載例 （注3～注5）	表示方法 （基準第三）
営業活動による キャッシュ・フ ロー	・営業損益計算の対象と 　なった取引，投資活動お 　よび財務活動以外の取引 　によるキャッシュ・フ 　ロー ・法人税等に係るキャッ 　シュ・フロー	(1)　商品・役務の販売によ 　　る収入 (2)　商品・役務の購入によ 　　る支出 (3)　従業員・役員に対する 　　報酬の支払 (4)　災害による保険金収入 (5)　損害賠償金の支払	直接法または間 接法により記載 する。
投資活動による キャッシュ・フ ロー	・固定資産の取得・売却， 　現金同等物に含まれない 　短期投資の取得・売却等 　によるキャッシュ・フ 　ロー ・連結範囲の変動を伴う子 　会社株式の取得または売 　却に係るキャッシュ・フ 　ロー（独立の項目として 　記載） ・営業の譲受け・譲渡に係 　るキャッシュ・フロー 　（独立の項目として記載）	(1)　有形固定資産・無形固 　　定資産の取得による支出 (2)　有形固定資産・無形固 　　定資産の売却による収入 (3)　有価証券（現金同等物 　　を除く。）・投資有価証券 　　の取得による支出 (4)　有価証券（現金同等物 　　を除く。）・投資有価証券 　　の売却による収入 (5)　貸付けによる支出 (6)　貸付金の回収による収 　　入	主要な取引ごと にキャッシュ・ フローを総額表 示しなければな らない。
財務活動による キャッシュ・フ ロー	・資金の調達・返済による 　キャッシュ・フロー	(1)　株式の発行による収入 (2)　自己株式の取得による 　　支出 (3)　配当金の支払 (4)　社債の発行・借入れに 　　よる収入 (5)　社債の償還・借入金の 　　返済による支出	主要な取引ごと にキャッシュ・ フローを総額表 示しなければな らない。

（出所）「連結キャッシュ・フロー計算書等の作成基準」および同注解に基づいて著者作成

(2)　直接法と間接法

　図表14－2に示されているように，「営業活動によるキャッシュ・フロー」
の表示方法は，直接法と間接法のいずれかによるものとされている。**直接法**は，
主要な取引ごとにキャッシュ・フローを総額表示する方法をいい，**間接法**は，
税金等調整前当期純利益に非資金損益項目，営業活動に係る資産および負債の

第14章　連結財務諸表②―持分法と連結財務諸表の全体像―　　163

増減，「投資活動によるキャッシュ・フロー」および「財務活動によるキャッ
シュ・フロー」の区分に含まれる損益項目を加減して表示する方法をいう。

　直接法によれば，営業活動による主要な取引ごとにキャッシュ・フローが総
額表示されることから営業活動によるキャッシュ・フローの収支が明示される
という長所がある。一方で，連結上の収益および費用に調整を施して連結上の
資金の増減を示すことから，作成に係る実務上の負担を要するという短所があ
る。

　間接法によれば，当期純利益を基礎として連結上の収益と収入，連結上の費
用と支出の差異を調整することにより連結上の資金の増減を示すことから，当
期純利益とキャッシュ・フローの関係が明示されるという長所がある。ただし，
営業活動による主要な取引ごとのキャッシュ・フローを総額で表示することは
できない。

(3)　利息および配当金に係るキャッシュ・フローの記載方法

　なお，利息および配当金に係るキャッシュ・フローは，次の(a)(b)のいずれか
の方法により記載することとされている（同基準第二の二の３）。また，利息の
受取額および支払額は総額で表示するものとする（同基準（注６））。

> (a)　受取利息，受取配当金および支払利息は「営業活動によるキャッシュ・フ
> 　　ロー」の区分に記載し，支払配当金は「財務活動によるキャッシュ・フロー」
> 　　の区分に記載する方法
> (b)　受取利息および受取配当金は「投資活動によるキャッシュ・フロー」の区分
> 　　に記載し，支払利息および支払配当金は「財務活動によるキャッシュ・フロー」
> 　　の区分に記載する方法

(4)　連結キャッシュ・フロー計算書の注記

　連結キャッシュ・フロー計算書には，次の事項を注記しなければならない
（同基準第四）。

(a) 資金の範囲に含めた現金および現金同等物の内容並びにその期末残高の連結貸借対照表科目別の内訳

(b) 資金の範囲を変更した場合には，その旨，その理由および影響額

(c) 連結の範囲の変更，営業の譲受・譲渡により増減した資産・負債に重要性がある場合には，当該資産・負債の主な内訳

(d) 転換社債の転換，「使用権資産の取得」等の重要な非資金取引

(e) 各表示区分の記載内容を変更した場合には，その内容

4 連結財務諸表の注記

　企業会計基準第22号「連結財務諸表に関する会計基準」では，連結財務諸表には，⑴連結の範囲等，⑵決算期の異なる子会社，⑶会計方針等，および⑷企業集団の財政状態，経営成績およびキャッシュ・フローの状況を判断するために重要なその他の事項を注記することとされており（同基準43項），⑷の内容については，重要な後発事象や企業結合および事業分離等に関する注記等が示されている（同基準43項⑷の脚注（注14），（注15））。

　また，連結財務諸表規則では，これらの注記事項に加えて，重要な会計上の見積りに関する注記，追加情報の注記，セグメント情報等の注記，関連当事者との取引に関する注記をはじめ，多くの注記事項の記載が求められている（連結財規13条の2〜16条）。さらに，会社計算規則でも，連結計算書類の作成のための基本となる重要な事項に関する注記等として，連結計算書類に注記すべき諸事項について定めている（連結財規102条）。ここでは，セグメント情報等の注記，関連当事者との取引に関する注記を取り上げて説明する。

⑴　関連当事者との取引

　企業会計基準第11号「関連当事者の開示に関する会計基準」によれば，「**関連当事者**」とは，ある当事者が他の当事者を支配しているか，または，他の当事者の財務上および業務上の意思決定に対して重要な影響力を有している場合の当事者等をいうとして，親会社，子会社，財務諸表作成会社と同一の親会社

をもつ会社をはじめ，これらの会社と支配従属関係にある会社，主要株主，役員，およびその近親者等をあげている（同基準5項(3)）。連結財務諸表規則においても，関連当事者の範囲について同様の定めを置いている（連結財規15条の4）。

関連当事者との取引とは，会社と関連当事者との取引をいい，対価の有無にかかわらず，資源もしくは債務の移転，または役務の提供をいう。また，関連当事者が第三者のために会社との間で行う取引や，会社と第三者との間の取引で関連当事者が当該取引に関して会社に重要な影響を及ぼしているものを含む（「関連当事者の開示に関する会計基準」5項(1)）。また，会社と関連当事者との取引のうち，重要な取引を開示対象とする（同基準6項）。

関連当事者との取引に係る開示が求められる理由として，これらの取引は，一般には見ることのできない条件で行われることがあり，その状況が財務諸表から容易に識別できないため，財務諸表作成会社の財政状態や経営成績に及ぼす影響を，その利用者が適切に理解できるようにすべきであるという点にあるとされている（同基準15項）。なお，関連当事者の取引に関する開示を連結財務諸表で行っている場合は，個別財務諸表での開示を要しないこととされている（同基準4項）。

(2) セグメント情報

企業経営の多角化，グローバル化に伴い，企業には「事業の種類別セグメント情報」，「所在地別セグメント情報」および「海外売上高」について企業の連結財務諸表を分解した情報の開示が求められていた。2008年の企業会計基準第17号「セグメント情報等の開示に関する会計基準」（最終改正2010年）の公表により，**マネジメント・アプローチ**が導入され，セグメントの区分方法あるいは測定方法を特定の方法に限定するのではなく，経営者の実際の意思決定や業績評価に使用されている情報に基づく一組のセグメント情報を開示することが求められることとなった（同基準51項）。これにより，情報利用者は経営者の視点からセグメント情報を見ることができるようになる。

セグメント情報は，売上高，利益（または損失），資産その他の財務情報を，事業の構成単位に分別した情報である（同基準61項）。マネジメント・アプロー

チに基づいて，一定の要件を満たす企業の構成単位を「事業セグメント」として識別して（同基準 6 項），集約された事業セグメントの中から，量的基準に従って報告すべきセグメント（「報告セグメント」）が決定される（同基準10項）。

　セグメント情報として企業が開示すべき項目は，(1)報告セグメントの概要，(2)報告セグメントの利益（または損失），資産，負債およびその他の重要な項目の額，並びにその測定方法に関する事項，(3)開示する項目の合計額とこれに対応する財務諸表計上額との間の差異調整に関する事項である（同基準17項）。

　セグメント情報等の開示は，財務諸表利用者が，企業の過去の業績を理解し，将来のキャッシュ・フローの予測を適切に評価できるように，企業が行うさまざまな事業活動の内容およびこれを行う経営環境に関して適切な情報を提供することを基本原則としている（同基準 4 項）。

索　引

＜英数＞

ASBJ（Accounting Standards Board of
　Japan）································ 13
EDINET ······································ 6
FASB（Financial Accounting Standards
　Board）······························· 54
IASB（International Accounting Standards
　Board）······························· 13
IFRS（International Financial Reporting
　Standards）··························· 13

＜あ＞

アカウンタビリティ（会計責任）·············· 8
洗替え法 ······································ 71
意思決定有用性 ································ 19
1年基準 ······································ 34
一般債権 ····································· 106
移動平均法 ···································· 67
打歩発行 ····································· 115
営業収益 ······································ 57
営業利益 ······································ 35
影響力基準 ··································· 156
演繹的アプローチ ······························ 12
親会社 ······································· 140
親会社説 ····································· 139

＜か＞

買入償還 ····································· 119
開業費 ······································· 125
会社計算規則 ·································· 26
貸倒懸念債権 ································· 106
貸倒引当金 ··································· 103
課税の公平 ····································· 6
株式会社 ···································· 1, 2
株式交付費 ··································· 126
株式引受権 ···································· 37
株主資本 ································· 28, 121

株主資本等変動計算書 ························· 28
株主総会 ······································· 3
貨幣的評価の公準 ···························· 12
為替換算調整勘定 ························ 41, 161
監査役会（監査等委員会）···················· 26
勘定式 ······································· 30
間接金融 ····································· 113
間接法 ······································· 162
管理会計 ······································· 7
関連会社 ····································· 155
関連会社株式 ·································· 97
関連当事者 ··································· 164
関連当事者との取引 ·························· 165
企業会計基準委員会 ·························· 13
企業会計原則 ·································· 13
企業実体の公準 ······························ 12
帰納的アプローチ ···························· 12
共益権 ··· 3
切放し法 ······································ 71
金銭債権 ····································· 105
金融商品取引法 ································· 5
繰延資産 ····································· 120
経営成績 ······································ 27
経済的単一体説 ······························ 139
計算書類 ······································ 25
経常利益 ······································ 35
継続企業の公準 ······························ 12
継続性の原則 ·································· 17
契約資産 ······································ 64
契約負債 ······································ 64
決算公告 ······································· 4
決算書 ··· 6
減価償却 ······································ 74
減価償却費 ···································· 74
減価償却累計額 ······························ 74
原価配分（または費用配分）の原則 ········· 66
現金同等物 ···································· 28
減資 ··· 127

合資会社	2
公正価値	52
公正なる会計慣行	4, 7
子会社	140
子会社株式	97
子会社株式・関連会社株式	91
国際会計基準審議会	13
国際財務報告基準	13
固定資産の減損	78
固定性配列法	33
個別計算書類（個別財務諸表）	25
個別法	67

＜さ＞

財産法	47
財政状態	27
財務会計	7
財務諸表	25
財務諸表等規則	26
先入先出法	67
自益権	3
時価	52
自己株式	128
資産負債アプローチ	53
実現主義の原則	49
実地棚卸	69
支配力基準	141
資本金	121
資本準備金	122
資本剰余金	121
資本的支出	77
資本と利益の区分の原則	16
社債発行費	120
収益性の低下	70
収益的支出	77
収益費用アプローチ	54
修正国際基準	21
受託責任	2
取得原価	50
償却	87
償却原価法	95
使用権資産	82

情報提供機能	8
正味売却価額	51, 70
剰余金	130
所有と経営の分離	2
新株予約権	37
真実性の原則	14
正規の簿記の原則	15
生産高比例法	77
正常営業循環基準	33
セグメント情報	165
全部純資産直入法	98
増資	126
総平均法	68
創立費	125
その他資本剰余金	122
その他有価証券	91, 98
その他有価証券評価差額金	98
その他利益剰余金	123
ソフトウェア	85
損益計算書	27
損益法	47

＜た＞

貸借対照表	27
退職給付に係る調整累計額	161
棚卸減耗	69
棚卸資産	65
棚卸評価損	70
単一性の原則	18
中間配当	132
注記	29
直接金融	113
直接法	162
定額法	75, 88, 117
定率法	76
電子記録債権	105
当期純利益	35
討議資料『財務会計の概念フレームワーク』	18
独立販売価格	60
取替原価	51
取締役会	3

索　引　169

取引価格 ……………………………………… 60

＜な＞

のれん ………………………………………… 86

＜は＞

売買目的有価証券 …………………… 91, 93
破産更生債権等 ………………………… 106
発生主義の原則 …………………………… 50
引当金 ………………………………………… 103
非支配株主持分 ………………… 41, 139, 161
評価・換算差額等 ………………… 37, 123
費用配分の原則 …………………………… 74
負債性引当金 ……………………………… 109
附属明細書 ………………………………… 29
附属明細表 ………………………………… 29
負ののれん ………………………………… 86
部分純資産直入法 ………………………… 98
平価発行 …………………………………… 115
平均原価法 ………………………………… 67
米国財務会計基準審議会 ……………… 54
包括利益 …………………………………… 42
包括利益計算書 …………………………… 42
報告式 ………………………………………… 30
法人税 ………………………………………… 6
保守主義の原則 …………………………… 17

＜ま＞

マネジメント・アプローチ ………… 165

満期償還 …………………………………… 119
満期保有目的の債券 ………………… 91, 94
無形固定資産 ……………………………… 83
明瞭性の原則 ……………………………… 16
持分会社 ……………………………………… 1
持分法 ……………………………………… 155

＜や＞

有価証券 …………………………………… 91
有価証券報告書 …………………………… 5
有形固定資産 ……………………………… 73
有限責任 ……………………………………… 3

＜ら＞

リース負債 ………………………………… 82
利益準備金 ………………………………… 123
利益剰余金 ………………………………… 123
利害調整機能 ……………………………… 8
履行義務 ……………………………… 49, 59
利息法 ……………………………………… 117
流動性配列法 ……………………………… 33
臨時計算書類 ……………………………… 26
連結キャッシュ・フロー計算書 …… 28
連結計算書類 …………………………… 25, 138
連結財務諸表 …………………………… 25, 137

＜わ＞

割引現在価値 ……………………………… 52
割引発行 …………………………………… 115

＜著者紹介＞

近田 典行（ちかだ・のりゆき） 担当：第1章
埼玉大学名誉教授

杉山 晶子（すぎやま・あきこ） 担当：第2章－第4章，第9章，第10章，第12章
－第14章
東洋大学教授

大野 智弘（おおの・ともひろ） 担当：第5章－第8章，第11章
創価女子短期大学教授

ベーシック会計学教室

2024年10月25日　第1版第1刷発行

著　者	近	田	典	行
	杉	山	晶	子
	大	野	智	弘

発行者　山　本　　　継

発行所　㈱中　央　経　済　社

発売元　㈱中央経済グループ
　　　　　パ ブ リ ッ シ ン グ

〒101-0051　東京都千代田区神田神保町1-35
電話　03（3293）3371（編集代表）
　　　03（3293）3381（営業代表）
https://www.chuokeizai.co.jp
印刷／昭和情報プロセス㈱
製本／㈲井上製本所

© 2024
Printed in Japan

＊頁の「欠落」や「順序違い」などがありましたらお取り替えいたしますので発売元までご送付ください。（送料小社負担）

ISBN978-4-502-51431-9　C3034

JCOPY〈出版者著作権管理機構委託出版物〉本書を無断で複写複製（コピー）することは，著作権法上の例外を除き，禁じられています。本書をコピーされる場合は事前に出版者著作権管理機構（JCOPY）の許諾を受けてください。
　JCOPY〈https://www.jcopy.or.jp　eメール：info@jcopy.or.jp〉

─ ■おすすめします■ ───────────

学生・ビジネスマンに好評
■最新の会計諸法規を収録■

新版 会計法規集

中央経済社編

会計学の学習・受験や経理実務に役立つことを目的に，
最新の会計諸法規と企業会計基準委員会等が公表した
会計基準を完全収録した法規集です。

───────────────────────────

《主要内容》

会計諸基準編＝企業会計原則／外貨建取引等会計処理基準／連結CF計算書
等作成基準／研究開発費等会計基準／税効果会計基準／減
損会計基準／自己株式会計基準／EPS会計基準／役員賞与
会計基準／純資産会計基準／株主資本等変動計算書会計基
準／事業分離等会計基準／ストック・オプション会計基準
／棚卸資産会計基準／金融商品会計基準／関連当事者会計
基準／四半期会計基準／リース会計基準／持分法会計基準
／セグメント開示会計基準／資産除去債務会計基準／賃貸
等不動産会計基準／企業結合会計基準／連結財務諸表会計
基準／研究開発費等会計基準の一部改正／会計方針開示、
変更・誤謬の訂正会計基準／包括利益会計基準／退職給付
会計基準／税効果会計基準の一部改正／収益認識基準／時
価算定基準／見積開示会計基準／原価計算基準／監査基準
／連続意見書　他

会 社 法 編＝会社法・施行令・施行規則／会社計算規則

金 商 法 編＝金融商品取引法・施行令／企業内容等開示府令／財務諸表
等規則・ガイドライン／連結財務諸表規則・ガイドライン
／四半期財務諸表等規則・ガイドライン／四半期連結財務
諸表規則・ガイドライン　他

関 連 法 規 編＝税理士法／討議資料・財務会計の概念フレームワーク　他

──────────── ■中央経済社■ ─